Juego peligroso

Carolina E. Alonso

Juego peligroso

historias de lucha y diversidad en el futbol femenil mexicano

PETER LANG

New York · Berlin · Bruxelles · Chennai · Lausanne · Oxford

Library of Congress Cataloging-in-Publication Data

Names: Alonso, Carolina E., author.
Title: Juego peligroso : historias de lucha y diversidad en el futbol
    femenil Mexicano / Carolina E. Alonso.
Description: New York, NY : Peter Lang, 2024. | Includes bibliographical
    references and index.
Identifiers: LCCN 2024022668 (print) | LCCN 2024022669 (ebook) |
    ISBN 9781636677651 (paperback) | ISBN 9781636677668 (pdf) |
    ISBN 9781636677675 (epub)
Subjects: LCSH: Soccer for women—Social aspects—Mexico. | Women soccer
    players—Social conditions—Mexico. | Sex discrimination in
    sports—Mexico. | Soccer—Social aspects—Mexico.
Classification: LCC GV944.5 .A48 2024 (print) | LCC GV944.5 (ebook) |
    DDC 796.334082/0972--dc23/eng/20240610
LC record available at https://lccn.loc.gov/2024022668
LC ebook record available at https://lccn.loc.gov/2024022669
DOI 10.3726/b22060

Bibliographic information published by the Deutsche Nationalbibliothek.
The German National Library lists this publication in the German
National Bibliography; detailed bibliographic data is available
on the Internet at http://dnb.d-nb.de.

Cover design by Peter Lang Group AG

ISBN 9781636677651 (paperback)
ISBN 9781636677668 (ebook)
ISBN 9781636677675 (epub)
DOI 10.3726/b22060

© 2024 Peter Lang Group AG, Lausanne
Published by Peter Lang Publishing Inc., New York, USA
info@peterlang.com - www.peterlang.com

This publication has been peer reviewed.

A Brenda, por compartir su amor (por el futbol femenil) conmigo.

A mis padres, por haberme dado tanto, siempre.

A las niñas y mujeres que aman el futbol.

La mayor parte de este libro se escribió en Durango, Colorado, ciudad que está ubicada en tierras indígenas. Por lo tanto, me gustaría ofrecer un reconocimiento a la tierra y agradecer a las personas nativas que habitan en esta región y quienes están conectadas y conectados con esta de manera histórica y/o ceremonial. *Tog'oiak.*

AGRADECIMIENTOS

Estoy sumamente agradecida con mis colegas y amigas por haber leído y comentado partes de este libro. A las doctoras Maira Álvarez, Sylvia Fernández, Ana Villarreal, Janine Fitzgerald y a los doctores Jaime Cano y Guillermo de los Reyes les agradezco el tiempo y el interés que le otorgaron a este proyecto. Aprecio que Janine me haya pedido, casi exigido, que incluyera mi voz en este libro. La generosidad y el apoyo de estas personas, aunque no me sorprendió, realmente me ha emocionado. Gracias a mis estudiantes, las de ahora y las de antes, por inspirarme a escribir este libro. Valoro el apoyo de mis compañeras y compañeros de trabajo en Fort Lewis College por animarme a seguir escribiendo este libro entre clases y reuniones. Aprecio la lectura detallada que Karina Ramos le dio a este libro y particularmente a los datos que aquí se presentan. Gracias también a las mujeres que compartieron sus experiencias en este libro, ya sea a través de entrevistas en persona o por escrito. A la señora Claudia Muñoz, la exfutbolista y ahora directiva Tamara Romero, la directora técnica Ileana Dávila y a la familia Sánchez les agradezco su tiempo y su confianza. Ellas son, de diferentes maneras, parte de la historia del futbol femenil en México.

Quiero agradecer a mis padres, Martha y Genaro por haberme dado la oportunidad de cumplir mis sueños, tanto profesionales como personales.

Valoro sus esfuerzos y admiro su perseverancia. A mi hermana, hermano y sobrina les agradezco cada partido de futbol que compartimos. Sin saberlo empezamos a escribir este libro hace muchos años cuando jugábamos en las calles de Reynosa. Al resto de mi familia —tías, primas, cuñadas, amigas y abues— le agradezco su apoyo incondicional. Finalmente, quiero agradecerle a mi esposa, Brenda Chávez Alonso, todo el tiempo y amor que ha invertido en este proyecto. *Juego Peligroso* no existiría sin su generosidad y sin las enormes contribuciones que ella realizó en cada uno de estos capítulos. Todas las ideas que se exploran en este libro surgieron de nuestras pláticas y se desarrollaron gracias a su apoyo tanto profesional como personal. Gracias, Brenda, por compartir tantos días de futbol en casa, tantos viajes para ver a nuestros equipos favoritos y por motivarme a escribir este libro.

ÍNDICE

            dinámicas más allá de las canchas   101
            Ileana Dávila   120

Conclusión Otras maneras de entender el futbol: el amor y la sororidad
            en el futbol femenil mexicano   125

            Bibliografía   129

            Índice por temas   141

PRÓLOGO

El juego peligroso en el futbol es una acción en la que se intenta jugar con el balón, pero se pone en riesgo a una jugadora o jugador dentro de la cancha. Este tipo de falta es parte de la regla doce del futbol[1] y es, desafortunadamente, una metáfora perfecta para ejemplificar algunas de las experiencias que muchas futbolistas viven cotidianamente. Para la mayoría de las jugadoras mexicanas, pisar una cancha de futbol es un acto que puede ser peligroso ya que transgrede las normas de género que prevalecen implícita y explícitamente en nuestra sociedad. Incluso así, la lucha y resistencia prevalecen en el futbol femenil pese a todo riesgo. Escribo este libro porque desde mis diferentes perspectivas —exfutbolista *amateur*, académica, y ferviente fanática del futbol— he visto cómo se violenta a las mujeres que habitan un espacio tan vigilado como lo es el futbol. Al mismo tiempo, he sido testigo, y también he aprendido a través de la investigación, de que el futbol femenil está colmado de historias de sororidad. Es así como este libro documenta algunas de las luchas que muchas mujeres han enfrentado para poder jugar futbol de manera segura y digna.

Como muchas otras mujeres, soy una apasionada del futbol. Crecí jugando este deporte con mi hermana y mi hermano en las calles de Reynosa, Tamaulipas. Cuando emigramos a los Estados Unidos jugué en el equipo de mi preparatoria y después lo hice para un equipo de mi universidad. Por diez años practiqué también el futbol rápido en diferentes ciudades de la frontera. Algunas de las mejores experiencias de mi vida las viví junto a las compañeras de mis equipos, muchas de las cuales compartían identidades similares a las mías: inmigrantes mexicanas viviendo en EE. UU., lesbianas y/o parte de la clase trabajadora. Desde pequeña pasaba horas viendo futbol en la televisión y hasta la sobrecama de mi habitación era de mi equipo favorito; un amarillo chillante me cubría por las noches.

Crecí escuchando cómo la gente le decía a mi madre que el futbol no era para niñas, pero ella nunca nos prohibió a mi hermana y a mí que lo jugáramos. Al contrario, nos untaba crema en las rodillas —de esas "milagrosas" que anunciaban en la televisión en los noventa— para intentar borrar las cicatrices con las que regresábamos a casa después de pasar todo el día jugando futbol en la calle. Mi madre siempre quiso vernos felices con un balón en los pies, o en las manos porque yo era portera. Pero también creo que su resistencia ante la idea sexista de que el futbol no era para mujeres se debía a su propia historia. Frecuentemente nos contaba con nostalgia cómo le hubiera gustado jugar basquetbol en el equipo de su preparatoria y cómo no pudo hacerlo por ser mujer. ¿Habría sido diferente su vida, y la mía, si mi madre hubiera podido cumplir su sueño cuando era adolescente? Lo pienso y yo también me lleno de nostalgia.

Cuando la Liga MX Femenil inició yo no tenía manera de ver los partidos, puesto que no se transmitían regularmente en Estados Unidos. Fue gracias a mi esposa, y a su capacidad por encontrar transmisiones en línea, que pude familiarizarme con la Liga y con las jugadoras que rápidamente se convertirían en mis favoritas. A pesar de que mantengo predilección por un equipo, disfruto viendo a todos los equipos femeniles y apoyo a todas las futbolistas de la Liga sin importar a qué institución pertenecen. Un gran número de personas comparten este sentimiento. Incluso existe una barra, o grupo de animación, que fomenta esta sororidad en el futbol femenil mexicano, la Barra Feminista. Uno de los cánticos tradicionales que esta barra ha modificado para los equipos femeniles resume bien este sentimiento: "Que las vengan a ver, que las vengan a ver, esas son las mujeres que hacen el futbol que yo soñé".

A pesar de haber jugado por décadas, de tener más de treinta años viendo futbol profesional —tanto en la televisión como en los estadios— y de enseñar clases sobre temas sociológicos y humanistas relacionados con el futbol a nivel universitario, siempre hay alguien que duda de mi conocimiento o que intenta desacreditar mis experiencias con este deporte. Me queda claro que esto se debe únicamente a que soy mujer. Sin embargo, las agresiones que yo he vivido en relación con el futbol son mínimas comparadas con las que viven quienes se han dedicado a este deporte profesionalmente, ya sea como jugadoras, árbitras, entrenadoras, periodistas y/o comentaristas. Con este libro intento resaltar diferentes tipos de juegos peligrosos a los que estas han estado expuestas: violencia económica, violencia de género, discriminación y lesbofobia/homofobia. Al mismo tiempo, me parece necesario re(contar) ejemplos específicos de resistencia, lucha y resiliencia dentro del futbol femenil. En *Juego peligroso* también lanzo una invitación a seguir (re)escribiendo las historias del futbol mexicano femenil que no nos contaron de pequeñas, todas las que están ocurriendo en estos momentos y las muchas que están por venir.

Notas

1 Las reglas del futbol fueron creadas por la IFAB (International Football Association Board). La regla doce regula las faltas y la conducta incorrecta.

LAS JUGADORAS HACEN EL RECONOCIMIENTO DE CANCHA Y EL TERRENO ESTÁ EN MAL ESTADO. LOS DIRECTIVOS, HOMBRES DE PANTALONES LARGOS, DECIDEN QUE EL JUEGO SE LLEVE A CABO ASÍ

Es común que los equipos de futbol hagan un reconocimiento de la cancha —o del campo de juego— antes de partidos importantes para acoplarse a este y ver su estado. Por mucho tiempo las mujeres en México jugaron, y muchas aún juegan, en lugares que no son propicios para practicar este deporte y mucho menos para hacerlo profesionalmente. El mal estado de las canchas va más allá del césped; se extiende al entorno que habitan las mujeres que intentan vivir del futbol o simplemente practicarlo como pasatiempo. Sin embargo, aunque la cancha esté en mal estado, el partido ya ha comenzado.

,

INTRODUCCIÓN

México es el único país que ha sido elegido en tres diferentes ocasiones como sede del torneo deportivo más importante del mundo, la Copa Mundial de Futbol. El país fue sede en 1970, 1986 y, próximamente, en 2026 será anfitrión junto a Canadá y Estados Unidos. Sin embargo, a este récord deberíamos sumarle la Copa Mundial que se celebró en este país en 1971 y en la cual el equipo mexicano culminó en segundo lugar. Existe una razón por la cual un gran número de aficionados del futbol no están familiarizados con este torneo. Esto se debe a que la FIFA (Fédération Internationale de Football Association) no reconoció como oficial dicha competición, ya que esta fue disputada por equipos femeniles. Sin embargo, historiadoras y fanáticas del futbol femenil se refieren a este torneo como un parteaguas dentro del deporte femenil en México, puesto que los partidos del equipo mexicano generaron tanta expectativa que la final de la competencia convocó a alrededor de 110 000 aficionados en el estadio más importante de México, el Estadio Azteca (Castillo Planas 2021, 4).

Como se explica en este libro, a pesar de haber tenido momentos de reconocimiento y gran auge, en cada instante el futbol femenil en México ha tenido que luchar por ser reconocido, respaldado y avalado como un deporte profesional. El recorrido e historia del futbol femenil en México muestra de diferentes maneras, un reflejo del heteropatriarcado que se vive en el país. Con la finalidad de resaltar y documentar la lucha de mujeres mexicanas en el futbol, este libro explora pensamientos y acciones feministas dentro del futbol femenil en México, así como la resistencia y la sororidad que existe en este. *Juego peligroso: Historias de lucha y diversidad en el futbol femenil mexicano* se enfoca en acontecimientos puntuales de la Liga BBVA MX Femenil[1] haciendo también referencia a los esfuerzos, logros y retos individuales y colectivos de mujeres vinculadas con este deporte en México desde finales del siglo XX hasta la actualidad.

El primer capítulo de este libro es un recorrido histórico del futbol femenil en México a manera de genealogía. Es un texto incompleto, puesto que hay hechos que no se han (re)conocido y muchas historias futuras que contar. La (re)escritura del futbol femenil es, desde luego, un esfuerzo colectivo que conlleva múltiples voces; lo que aquí se incluye es solo una parte de estas historias. Los siguientes tres capítulos tocan temas que considero vitales en el futbol femenil mexicano, ya que para entender la travesía de futbolistas, directoras técnicas, directivas, aficionadas, periodistas y otras mujeres relacionadas con el futbol femenil en México es necesario entablar un diálogo de interseccionalidad analizando dónde y cómo se entrelazan y se cruzan los sistemas de poder en el futbol, y en la sociedad mexicana en general. Con interseccionalidad se hace referencia a la herramienta analítica a través de la cual se observan diferentes formas de opresión que viven las mujeres, tal y como lo planteara la académica y feminista afroamericana Kimberlé Crenshaw. Si bien, Crenshaw desarrolló esta estructura para analizar las desventajas que viven las mujeres afroamericanas, esta teoría se ha vuelto importante también en diferentes movimientos feministas en todo el mundo.

Las mujeres mexicanas pueden ser objeto de múltiples formas de discriminación; las futbolistas, desde luego, no son la excepción. En este libro se analizan diversas formas de desigualdad y/o de privilegios relacionados al género, nacionalidad y sexualidad de algunas futbolistas. También se explora cómo estas cuestiones se conectan directamente con el futbol femenil en México. Además de tocar uno de los temas más importantes y discutidos dentro del futbol femenil mundial, como lo es la brecha de ingresos entre hombres y mujeres futbolistas, se explora la violencia de género, la lesbofobia/homofobia, y cuestiones de identidad nacional en jugadoras biculturales.

De la misma manera en la que se describen hechos que evidencian un sistema heteropatriarcal y sexista dentro del mundo del futbol, se relatan los esfuerzos y logros conseguidos por mujeres en diferentes capacidades dentro de este deporte. Si bien es cierto que las futbolistas mexicanas continúan recorriendo un camino complicado en diversos rubros y a diferentes escalas, la historia del futbol femenil en México es, en efecto, una historia longeva de lucha y diversidad. Es así como uno de los propósitos principales de este libro es documentar estas historias y los triunfos que han vivido mujeres que han participado activamente en el futbol y quienes no han figurado dentro de la narrativa oficial del futbol mexicano.[2] Lo que periodistas, aficionadas, escritoras, directoras técnicas, y sobre todo las futbolistas están realizando, es un ejercicio de (re)escritura, o lo que la historiadora chicana, Emma Pérez (1999), describe como la función de ejercer una descolonización de los espacios intersticiales llenándolos con las voces de los subalternos que no existen oficialmente (5). Las cuentas de redes sociales, colectivas e individuales, dedicadas a cubrir el futbol femenil han tenido un gran impacto en visibilizar las historias y experiencias del futbol femenil en México. *Juego peligroso* nutre sus páginas de testimonios que han emergido de estas (re) escrituras, así como de investigaciones previas por parte de académicas, académicos y periodistas. También se incluyen entrevistas de mujeres que forman parte de la "familia del futbol femenil mexicano" para resaltar el rol que estas han tenido en el desarrollo y éxito de la Liga.

A pesar de que, como veremos más adelante, existen diferencias ideológicas en algunas de las posturas o acciones de las mismas protagonistas de este libro, la sororidad unifica la lucha de estas mujeres. Juntas transgreden espacios regidos por el patriarcado mexicano que intenta obstaculizar a las futbolistas en su intento por ejercer el futbol de manera profesional y dignamente. Esta vulneración al sistema patriarcal reinante en el país es algo que ha unido a las feministas mexicanas a través de la historia, no solo en el futbol. En su análisis de los movimientos feministas en México de 1910 a 2010, las académicas Gisela Espinosa Damián y Ana Lau Jaiven (2013) reconocen que lo que alió a las feministas mexicanas a través del tiempo y de diferentes ideologías fue "la intención común de deconstruir las desigualdades de género y las relaciones de poder que las someten, la posibilidad de crear, de deslizar nuevos significados..." (21). Esta sororidad es, precisamente, lo que a menudo ha unido los pensamientos y acciones de las mujeres de nuestro balompié. Es también esto lo que ha expuesto a mujeres a situaciones de "juegos peligrosos", dentro y fuera de las canchas.

Notas

1 Como se menciona aquí, el nombre oficial del torneo es Liga BBVA MX Femenil. La entidad bancaria ha patrocinado también a la Liga española y a equipos en Argentina y Uruguay además de a la National Basketball Association (NBA). De aquí en adelante se estará refiriendo a este campeonato simplemente como Liga MX Femenil.

2 En los capítulos siguientes se presentan estadísticas y datos obtenidos al momento de escribir el libro. Sin embargo, estos pueden ser diferentes al momento de su lectura debido a la rapidez con la que se juegan los torneos.

GOL DEL EQUIPO RIVAL AL MINUTO UNO QUE NO DEBIÓ CONTAR, ¡PERO HUBO REMONTADA!

Los deportes son capaces de producir diferentes emociones en cuestión de minutos. En el futbol, por ejemplo, se puede estar sintiendo frustración y desesperación y al siguiente minuto estallar en júbilo. Aun cuando se tiene un marcador adverso, existe siempre una posibilidad de vencer. Algunos de los partidos más épicos han sido aquellos en donde un equipo ha remontado en los últimos instantes. Los partidos en donde se está perdiendo por varios goles y se termina ganando se convierten en volteretas dignas de celebrarse. Aunque hay ejemplos específicos de remontadas importantes en la Liga MX Femenil, la más importante es la que el futbol femenil está realizando en el contexto deportivo y social en México. El futbol femenil está, en efecto, remontando un partido en donde tiene mucho en contra, pero todo indica que se terminará ganando.

· 1 ·

EL FUTBOL *SÍ* ES PARA NIÑAS

La historia del futbol femenil en México se remonta a décadas de lucha y de resistencia. Los logros que se han evidenciado en diferentes categorías de selecciones femeniles o en la liga profesional no son, por lo tanto, el resultado de esfuerzos aislados o impulsados por un grupo específico de personas. Por años, las mujeres en México han sido parte de equipos y ligas organizadas de manera *amateur*, semiprofesional y ahora también profesionalmente. Las futbolistas que jugaron en la Copa del Mundo Femenil de 1971 en México, como Alicia "La Pelé" Vargas y María Eugenia "La Peque" Rubio, entre muchas otras, establecieron las bases para quienes ahora tienen la posibilidad de jugar al futbol de manera profesional. Como se resaltará en las siguientes páginas, los avances que ha tenido el futbol femenil en México, en cuanto a reconocimiento y apoyo, son significativos. No obstante, no se puede decir que exista equidad dentro del futbol en México. Queda aún mucho por hacer, o más bien por deshacer, puesto que esta desigualdad está arraigada en la historia, cultura y política del país. Sin embargo, los logros que han ocurrido en los últimos años nos invitan a soñar y a ilusionarnos con el presente y el futuro del futbol femenil en México.

Se viene la remontada.

Las mexicanas irrumpen en los espacios públicos

Para entender los logros del futbol femenil en México es importante ver la lucha y trayectoria de las mujeres en las esferas públicas de dicho país. Los primeros colectivos feministas del siglo XX, con sus diferentes posturas, iniciaron diversos movimientos políticos y sociales. Los frutos de estos aún se ven reflejados dentro y fuera de las canchas de futbol. La Revolución mexicana de 1910 marcó un antes y un después en el país, teniendo también un impacto en cuestiones de género. Como señala la investigadora Martha Eva Rocha Islas (2013), "las mujeres irrumpen en el ámbito de la guerra y su participación en la esfera pública modifica los ideales de género vigentes en el porfiriato" (25). En esta época emergen colectivos feministas y mujeres luchando en la guerra e incursionando en diferentes roles, como las soldaderas o como las soldados,[1] por mencionar unos ejemplos (27). Es así como estos roles anteriormente asignados y visualizados socialmente como masculinos comienzan a ser transgredidos. Si bien en estos años se generarían ideas, diálogos y algunos logros extraordinarios, como la promulgación de la ley del divorcio en 1914, todavía queda(ba) mucho camino por recorrer en temas de equidad social. Sin embargo, la Revolución mexicana logró, entre muchas otras cosas, la reforma a la ley de la educación pública. Este hecho por demás significativo tendría un efecto en los roles de género, y por el tema que aquí discutimos, en el deporte, específicamente en el futbol.

Generalmente la participación de las mujeres en los deportes en México ha estado regulada por una práctica de control heteropatriarcal instaurada a través de programas educativos gubernamentales. El libro *Futbolera, a History of Women and Sports in Latin America* (2019) es uno de los textos fundamentales para entender la historia del futbol femenil en países latinoamericanos, incluyendo la de México. En este, los historiadores Brenda Elsey y Joshua Nadel explican el proceso a través del cual se utilizaron las clases de educación física como uno de los métodos para modernizar a México después de la Revolución mexicana (152–153). El gobierno mexicano de la época buscaba reproducir la experiencia de los países europeos en donde diferentes prácticas deportivas se habían propagado en diversas clases sociales de manera exponencial desde el siglo XIX.

No obstante, cuando se instauraron las clases de educación física en las escuelas públicas de México se crearon también segregaciones dentro de los deportes y actividades físicas de acuerdo con el género de los estudiantes. En la mayoría de los estados de la República mexicana[2] se procuraba que las mujeres practicaran deportes como la gimnasia rítmica y el baile, mientras que a los hombres se les designaban deportes como el beisbol, futbol, boxeo, luchas y balonmano (Elsey y Nadel 2019, 163). Como bien señalan Elsey y Nadel, la mujer de la época era vista como parte fundamental de la nación posrevolucionaria; el control de su cuerpo y su comportamiento en público eran primordiales para estos intereses.[3] Este intento por controlar el cuerpo femenino no es, por supuesto, algo que concierne solamente a los deportes o a esta época en particular. En los siguientes capítulos se ejemplifica cómo esto es algo tan común ahora como lo fuera hace cien años. Sin embargo, para entender el futbol femenil contemporáneo en México, es necesario resaltar cómo estas prácticas gubernamentales realizaron una segregación binaria dentro de los deportes en México.

A pesar de que estas normas excluían a las mujeres de practicar deportes como el futbol, también lo hacían con los hombres para quienes se habían delineado criterios sociales en cuanto a la masculinidad, la virilidad y el deporte.[4] Estas normas, promovidas hace más de cien años, continúan reproduciéndose en el país como parte fundamental de los roles de género mexicanos y son aplicadas tanto de manera implícita como explícita en la sociedad mexicana. En el caso del futbol femenil, la mayoría de las mujeres que han jugado ya sea como pasatiempo, o de manera organizada, se han enfrentado a obstáculos relacionados con estas divisiones binarias de género, las cuales se asignaron de manera arbitraria, y las que continúan arraigadas en el imaginario colectivo. A pesar de estas trabas, un gran número de mujeres lograron jugar futbol en equipos locales o con amistades, muchas veces siendo las únicas mujeres en sus equipos. De sus experiencias han surgido grandes ejemplos de resiliencia, la mayoría de los cuales han quedado en el anonimato.

Las mujeres que consiguieron practicar el deporte de manera pública en la década de los setenta, por ejemplo, fueron invisibilizadas de la historia del futbol mexicano. Jugadoras como "La Pelé" Vargas y "La Peque Rubio", incluso llegando a ser ovacionadas por miles de aficionados, se quedaron relegadas en la narrativa oficial del futbol mexicano por años. Ha sido en la última década que sus historias y logros se han resaltado y reconocido. La omisión de las contribuciones y experiencias femeninas ha sido una constante, no solo en aspectos deportivos, sino en aportaciones culturales, históricas y políticas. Es importante además resaltar que la omisión de las mujeres en la narrativa del futbol ha ocurrido en todo el mundo no solo en México, incluyendo en el Reino Unido, territorio de donde se tiene registro se dieron los inicios del futbol como tal.

En Inglaterra, por ejemplo, no se ha perdido la tradición del futbol femenil, al contrario. Dicho país fue el anfitrión, y campeón, de la Eurocopa Femenina 2022, en la cual se produjeron récords de asistencia y de audiencia televisiva.

La selección inglesa levantó la Copa el 31 de julio de 2022 en el estadio de Wembley, el más grande de todo el Reino Unido. La final del máximo torneo de selecciones en Europa tuvo una asistencia de 87 192 personas. Esta cifra es récord de asistencia, no solo para el futbol femenil, sino para cualquier final de la Eurocopa hasta la fecha en la que se escriben estas páginas, *incluyendo* partidos del futbol varonil. El triunfo del equipo inglés representó más que solo ganar su primera Eurocopa, ya que mostró la resiliencia del futbol femenil en dicho país después de haber sido prohibido por décadas.

Mujeres en el futbol británico: historia de resistencia

La mayoría de los aficionados pueden relacionar los orígenes del futbol varonil con el Reino Unido. Sin embargo, las mujeres también cuentan con una gran trayectoria futbolística en países como Escocia. En 1931 el académico escocés, Francis P. Magoun, Jr., recalcaba en su artículo "Scottish Popular Football, 1424–1815" que antes de 1795 ya se habían jugado partidos de futbol entre mujeres casadas y solteras en Escocia (10–11). Aunque estos no fueran equipos organizados, este dato nos permite ver cómo las mujeres practicaban el futbol de la época desde hace siglos. Recordemos que las primeras reglas oficiales del futbol como tal se establecieron en 1846 y que fue hasta 1863 que nació la Football Association (FA) (Jaramillo Seligmann 2021, 14). Según la BBC, el primer partido de futbol femenil internacional de Gran Bretaña del que se tiene registro se jugó en Edimburgo en mayo de 1881 ("The Honeyballers" 2013).

En efecto, a finales del siglo XIX ya existían equipos femeniles de futbol en países como Inglaterra. Se sabe que en 1895 se formó el equipo British Ladies' Football en este país, creado por Mary Hutson bajo el seudónimo de Nettie Honeyball. La periodista, Carolina Jaramillo Seligmann (2021), quien ha investigado y publicado sobre el futbol femenil colombiano,[5] explica que Nettie Honeyball "optó por presentarse bajo este pseudónimo para evitar posibles represalias" (16). El hecho de que Mary Hutson usara un seudónimo para esconder su identidad no resulta inusual, puesto que lo mismo era hecho por mujeres que publicaban libros y escribían en periódicos de la época. Estas temían revelar su identidad por miedo a las consecuencias que podría traer traspasar los parámetros sociales de género aceptados dentro de sus comunidades.[6] A pesar de esto,

Hutson comentó públicamente en un artículo del periódico británico, *Daily Sketch*, en donde dejó clara su postura a favor de que las mujeres practicaran el futbol, pero además señaló y reprochó enérgicamente el sexismo de la época:

> No hay nada de ridículo en el British Ladies Football Club. Fundé la asociación a fines del año pasado, con la firme determinación de demostrarle al mundo que las mujeres no son las criaturas "ornamentales e inútiles" que los hombres han imaginado.[7] (Clarke 2019)

Hutson no solamente hizo una crítica al sexismo con relación al aspecto deportivo, sino que continuó expresando su deseo porque hubiera mujeres en el parlamento y tener voz en asuntos políticos, especialmente en aquellos que les concernían a ellas mismas. Esta petición es aún hecha por mujeres de todo el mundo.

Mary Hutson, o Nettie Honeyball, no le estaba hablando a una sociedad imaginada, había en efecto personas específicas que se oponían públicamente a que las mujeres jugaran futbol en esa época. El documental *Honeyballers*,[8] estrenado en el 2013, muestra la historia del equipo British Ladies' Football y los retos a los que se enfrentaron las jugadoras. En dicho documental, Richard McBrearty, curador del Museo del Fútbol Escocés, explica que el entonces rector del futbol escocés desalentaba abiertamente a las mujeres a participar en este deporte. Asimismo, Jaramillo Seligmann (2021) menciona que el periódico *Daily Post* criticó al equipo de Hutson señalando que ellas "[n]unca sabrán jugar al futbol como hay que jugar. Y aunque fueran capaces de ello, este deporte siempre será inapropiado para su sexo" (18). Sin embargo, estos ataques no desalentaron a Hutson y a su equipo en participar en el deporte cada vez más popular en el Reino Unido. Al contrario, los hechos políticos y sociales que estaban a punto de acaecer provocaron que las mujeres continuaran practicando futbol y formando más equipos.

La Primera Guerra Mundial (1914–1918) tuvo consecuencias importantes en la historia del futbol femenil. Con la partida de miles de hombres a la guerra, las mujeres del Reino Unido pudieron participar en más eventos y actividades públicas, incluyendo los deportes. Durante estos años se formaron diferentes equipos de futbol femenil que se enfrentaban en encuentros nacionales e internacionales; en 1918 un equipo de Glasgow, Escocia, jugó en contra de un conjunto inglés, por ejemplo. Tanto era el interés en el futbol femenil en estos años que a un partido del equipo inglés, Dick Kerr Ladies F. C., asistieron más de 50 000 aficionados (Jaramillo Seligmann 2021, 18). Sin embargo, en 1921 se prohibió el futbol inglés femenil. Si bien, no se podía prohibir que las mujeres jugaran futbol como tal, la asociación de futbol inglesa dictaminó la prohibición de los juegos femeniles en los campos de futbol afiliados a su institución, lo que reducía las posibilidades de que las mujeres tuvieran un espacio donde llevar a cabo partidos de gran magnitud. Esta prohibición duró 51 años, es decir, hasta alrededor de 1971. Este hecho no impidió que las inglesas siguieran practicando este deporte y creando una tradición futbolística importante. En la actualidad, los equipos femeniles ingleses destacan en Europa y en el contexto mundial, siendo equipos como el Chelsea y el Manchester City los que nutren a la selección nacional inglesa, campeona de Europa en 2022 y subcampeona del mundo en la Copa Mundial Femenina de la FIFA en Australia y Nueva Zelanda en 2023.

El auge del futbol en México

No solamente en Reino Unido o en Europa existe una tradición futbolística importante y longeva. Latinoamérica tiene una historia rica, y en muchas ocasiones compleja, en cuanto al futbol. No es la intención de este libro desglosar ni analizar el futbol varonil, ya que existen diversos libros que han ilustrado la historia y acontecimientos relevantes de esta categoría, tanto en América Latina como en México. No obstante, resulta necesario mencionar algunos datos históricos fundamentales para situar la trayectoria del futbol en dicho país y resaltar la intervención de las mujeres en este. Una de las cuestiones importantes a recalcar es la fundación de los equipos mexicanos y cómo se crearon diferentes aficiones y rivalidades deportivas que están presentes también en el futbol femenil. De acuerdo con el académico Pablo Alabarces (2018), "los ingleses y escoceses de las compañías mineras británicas Pachuca Mining Co. y Real del Monte Co. fundaron en 1892 el Pachuca Football Club, el más antiguo creado especialmente para la práctica del futbol" (2092). En México se reconoce a este equipo como el club más antiguo y a la ciudad de Pachuca se le da el sobrenombre de "la cuna del futbol mexicano". Su fundación incluso antecede a la creación de una institución de futbol en el país.

Una década después, en 1902, se fundó la Liga Mexicana de Futbol Amateur Association y ese mismo año se disputó un torneo formal. El primer campeón de México surgió del estado de Veracruz, siendo el ganador el equipo de Orizaba (Alabarces 2018, 2092). En las siguientes décadas se fundarían equipos de origen mexicano, recordando que los primeros fueron establecidos por extranjeros escoceses, ingleses, españoles, etc. Surgieron entonces equipos de mucha tradición en el país como lo son el Club Deportivo Guadalajara (1906), el Atlas Futbol Club (1916) y el Club de Futbol América (1916), entre otros que continúan siendo tradicionales e importantes para el futbol mexicano tanto en la categoría varonil como en la femenil. El año de la fundación de Atlas y América es por demás significativo en la historia del feminismo mexicano.

En ese año, 1916, se llevaron a cabo los primeros dos congresos feministas en el país. Ambos sucedieron en Yucatán liderados por la feminista Hermila Galindo, mujer por demás importante en la historia mexicana, quien:

> en un acto de desafío a la ley, lanzó su candidatura para diputada por el 5º distrito de la ciudad de México en 1918; aun sabiendo que el Colegio Electoral no la reconocería, buscaba hacer pública la exigencia del sufragio. (Rocha Islas 2013, 52)

Pareciera que la conexión entre Galindo y los pensamientos feministas contemporáneos dentro del futbol mexicano no están relacionados. Sin embargo, mujeres como Galindo, como la feminista y diputada de Yucatán, Elvia Carrillo Puerto, entre muchas otras, sentaron las bases para que las mujeres tuvieran más derechos en cuestiones educativas y políticas, así como para empezar a abarcar esferas públicas anteriormente reservadas o pensadas únicamente para los hombres, como lo era el futbol.

Las ligas femeniles se popularizan en el país

Como se mencionó anteriormente, la educación física y los deportes fueron importantes para el México posrevolucionario. A pesar de que en los años posteriores a la Revolución mexicana se esperaba que las niñas y mujeres practicaran deportes y actividades físicas "femeninas", no se puede descartar que las mujeres jugaran informalmente en equipos de futbol locales, ya que a través de la historia hemos presenciado cómo las mujeres han entrado en espacios y roles considerados o promovidos como masculinos. Existen reportes de periódicos como *La Afición* y *Esto* que evidencian que el futbol femenil se practicaba en Guadalajara desde la década de 1950 (Elsey y Nadel 2019, 202). Es importante recalcar que el sufragio para las mujeres mexicanas no fue reconocido hasta 1953 y que este logro, aunque tardío en comparación con otras naciones, fue fundamental para la lucha feminista y para los derechos humanos de las mujeres.[9] Ahora bien, las investigaciones sitúan el auge del futbol femenil de manera organizada en México a finales de la década de 1960. Durante estos años cada vez más mujeres eran parte de equipos femeniles.

En 1969 inició de manera oficial el futbol femenil organizado en el Distrito Federal, ahora Ciudad de México. En dicho año, aficionadas del Club América organizaron los equipos "Azul" y "Crema" para mujeres (Esley y Nadel 2019, 203). Ambos equipos hacían alusión al sobrenombre del equipo varonil americanista debido a los colores de su uniforme. A estos equipos se les fueron uniendo otros y así inició lo que se conoció como la Liga América. Para 1970 la Liga contaba con 28 equipos (Esley y Nadel 2019, 203), un dato significativo que muestra el interés que las mujeres tenían hacia el futbol. En el siguiente año se siguieron sumando equipos hasta crear diferentes ligas, lo que parecía indicar un futuro prometedor para el balompié femenil. De hecho, Elsey y Nadel explican que el periódico de la Ciudad de México (CDMX), *El Heraldo de México*, cubría regularmente los partidos femeniles. Esto nos indica que el interés en el futbol femenil no involucraba solo a las jugadoras, sino que además había un público lector interesado en seguir las noticias y acontecimientos de los equipos conformados por mujeres.

No es de extrañarse que en las décadas de 1960 y 1970 surgieran tantos grupos organizados de mujeres jugando futbol. Cabe recordar que, durante esta época, la sociedad mexicana estaba influenciada por cuestiones histórico-sociales, como la oposición a la guerra de Vietnam y el movimiento estudiantil que inició en México a finales de la década de los sesenta. Las mujeres, quienes también eran parte del movimiento político y social de la época, intentaban "desplazar la desigualdad que sufren las mujeres en busca de una justa equidad entre los géneros, colocando al cuerpo femenino y sus manifestaciones como centro de las exigencias" (Jaiven 2013, 150). La nueva ola, como se le conoce a los movimientos feministas de esta era, abriría las puertas para que las mujeres se cuestionaran diferentes roles sociales, creando nuevas posibilidades en todos los sectores.

Pioneras del futbol femenil en México y las Copas del Mundo de 1970 y 1971

Para esta época, década de los setenta, la FIFA ya se había afianzado como una de las organizaciones deportivas más importantes y poderosas del mundo; sin embargo, no fomentaba ni apoyaba con recursos a los equipos femeniles. La falta de apoyo por parte de la FIFA no impidió que se formara un equipo nacional femenil que representara a México en la primera Copa del Mundo Femenil de 1970 en Italia. El presidente de la Liga América, Efraín Pérez, junto a otras personas formaron un colectivo de jugadoras para participar en el torneo. Una de las estrellas de este campeonato fue la jugadora Alicia Vargas, apodada como "La Pelé". Es importante recordar que en este año se llevó a cabo el Mundial varonil en México y que la estrella más grande de dicho torneo, y del mundo, era el brasileño Edson Arantes do Nascimento, Pelé, quien se consagró como campeón del mundo en el Estadio Azteca. El hecho de que a Vargas le dieran el sobrenombre del mejor jugador del mundo muestra que su nivel futbolístico era significativo. Al mismo tiempo refleja la falta de referentes femeninos en el futbol, hecho que, como veremos más adelante, ha cambiado drásticamente en los últimos años.

Para "La Pelé" Vargas jugar futbol fue un proceso complicado, obviamente no por falta de talento, sino por falta de recursos y apoyo. En una entrevista para *El Universal Deportes* Vargas relató lo que pasaron ella y sus compañeras de selección para poder jugar futbol de manera organizada y para subsistir de su profesión. De hecho, Vargas nunca pudo ser jugadora profesional y vivir de una carrera futbolística. Ella misma explicó cómo "quería hasta jugar con un equipo varonil con tal de ganar dinero. . ." (*El Universal Deportes* 2020). A la cuestión monetaria se le aunaba el machismo de la sociedad mexicana de la época. Vargas contaba con apoyo de sus padres para practicar futbol. Sin embargo, el resto de su familia —sus tíos y primos— no veía bien que una mujer jugara futbol (*El Universal Deportes* 2020). No obstante, la jugadora debutó a los 14 años en el club Guadalajara y se convirtió en una de las revelaciones del mundial celebrado en Italia en 1970.

México inauguró su participación en este torneo con un triunfo contundente de 9–0 contra la selección de Austria. El equipo mexicano llegó a su segundo juego enfrentándose a las anfitrionas donde perdió por marcador de 2–1. Vargas mencionó que en dicho partido se presentó un arbitraje muy localista, pero resaltó su participación al haber perdido por tan solo un gol teniendo en cuenta la adversidad, no solo del arbitraje y la localía de las rivales, sino también de la falta de recursos de su equipo (*El Universal Deportes* 2020). El testimonio de Vargas es fundamental para entender la trayectoria, los avances y retrocesos que ha tenido el futbol femenil en México. Esta generación de futbolistas se vio obligada a comprar sus propios uniformes, calzado, e incluso a pagar su transporte y arbitraje. Para el torneo mundialista en Italia, las jugadoras recibieron uniformes de regalo con los que participaron en esos partidos.[10]

Así como Vargas, hubo otras jugadoras mexicanas que también destacaron extraordinariamente en el Mundial de Italia, como es el caso de María Eugenia "La Peque Rubio". Esta futbolista viene de una familia de deportistas, que incluye también a su hermano, Sergio Rubio. Sin embargo, como lo expresa

Sergio —exseleccionado mexicano y jugador histórico del Club de Futbol Cruz Azul— la más importante de la familia ha sido María Eugenia: "yo diría que fue una mujer que nos dio un ejemplo de tremenda motivación" (*Soy Celeste* 2021). Sin duda alguna, la carrera de "La Peque" es histórica, ya que fue ella quien anotó el primer gol de una jugadora representando a una selección mexicana. El furor que se produjo por las jugadoras mexicanas especialmente por "La Peque" es de destacar. La periodista Blanca Juárez narra que al regresar a México "[l]os reporteros se aglomeraron en el aeropuerto para recibirlas y tener la primera declaración de las futbolistas, algunas casi niñas. La menor tenía 14 años y las dos mayores 20. Las asediaban en sus casas, por teléfono, en los entrenamientos" (Juárez 2019). Nunca se había vivido una euforia similar por un equipo femenil de cualquier deporte en México.

La destacada participación mexicana en el torneo generó grandes reacciones en el mundo del futbol. Tanto así que el siguiente año se escogió a México como sede de la segunda Copa Mundial Femenina. En este torneo "La Peque" anotó dos goles, aunque México terminó en segundo lugar después de perder 3–0 ante Dinamarca en un Estadio Azteca lleno. Los recién estrenados documentales *Tan cerca de las nubes* (2023) y el producido por la tenista Serena Williams, *COPA 71* (2024), muestran el recorrido y gran éxito de esta selección. Después de su participación en este segundo campeonato mundial el equipo mexicano realizó giras por el país, pero las futbolistas no recibieron un salario por este trabajo (Juárez 2019). Poco tiempo después, la euforia por el equipo nacional se fue perdiendo y tuvieron que pasar muchos años para que se volviera a hablar de estas mujeres y de sus logros. "La Peque" fue incluida en el Salón de la Fama del Futbol Internacional en el 2018 y "La Pelé" Vargas un año después.[11]

Esa generación de jugadoras ha quedado grabada en la historia del futbol mexicano, ya que, así como Alicia Vargas y María Eugenia Rubio, destacaron otras jugadoras mexicanas en el Mundial del 71, como Yolanda Ramírez, Lourdes de la Rosa, Irma Chávez y Elvira Aracén. Después de esta generación surgieron otras que lucharon para jugar futbol de manera profesional. Sin embargo, para 1971 la Federación Mexicana de Futbol (FMF) tomó control del futbol femenil bajo el mandato de la FIFA y dejó de proveer de recursos a los equipos femeniles. Esto no logró desalentar a un gran número de mujeres que continuaron jugando en ligas *amateurs* y en equipos de futbol rápido. De hecho, esta modalidad se convirtió en una de las más populares en México. A finales de los años ochenta se comenzó a regular el futbol rápido en México. En las siguientes dos décadas surgieron ligas y campeonatos de equipos varoniles, femeniles y conjuntos mixtos. Esta versión facilitó la práctica del futbol para muchas mujeres, ya que se necesitaba un menor número de jugadoras —generalmente seis— para completar un equipo. Con frecuencia, varios equipos de futbol rápido femenil se unen para formar equipos de cancha "regular".

El futbol femenil a finales del siglo XX

En los años noventa surgieron jugadoras y equipos organizados que no contaban con apoyo institucional. Una de las personas que más impulsó el futbol femenil en esta década, y hasta el día de hoy, es Mercedes "Meche" Rodríguez, quien jugó con la selección mexicana en los premundiales de 1991 y 1994. Rodríguez no solo fue futbolista, sino que además "creó el club Laguna, impulsó la Liga Mayor en el sector amateur, [y] formó a varias jugadoras de la Liga MX" (Palma Hernández 2019, "Basta de aplausos"). Rodríguez ha sido auxiliar técnica en la Liga MX Femenil, pero hasta el día en que se escribieron estas páginas, no se le había dado la oportunidad de ser directora técnica de un equipo de primera división en esta liga, pese a su experiencia y de que cuenta con la licencia de Concacaf (Confederación de Fútbol de la Asociación del Norte, Centroamérica y el Caribe) necesaria para dirigir equipos de futbol.

Empero a la falta de reconocimiento, el trabajo de personas como Rodríguez dio frutos cuando la selección femenil logró clasificarse para la Copa Mundial del Futbol Femenino de la FIFA 1999, la cual se realizó en Estados Unidos. Para ese torneo la FMF eligió al exjugador de Pumas, Leonardo Cuéllar, como director técnico del equipo femenil. La selección no tuvo un gran desempeño en el campeonato, ya que perdieron todos sus partidos de la fase de grupos; sin embargo, la experiencia internacional fue importante tanto para las jugadoras como para la afición. Cuéllar estuvo a cargo de la Selección Femenil Mexicana por dieciocho años, de 1998 a 2016, en los que el equipo consiguió una medalla de plata en los Juegos Panamericanos de 1999 y una medalla de bronce en el mismo certamen celebrado en 2003. Varios temas importantes se relacionan con la figura de Cuéllar, como es el caso de las jugadoras mexicoamericanas y la inconformidad de algunas futbolistas de la selección en los últimos años de su puesto como entrenador del colectivo nacional. Estas cuestiones se analizan más a fondo en los siguientes capítulos.

Sin embargo, es importante mencionar ahora que no ha habido otro entrenador o entrenadora en la historia de las selecciones mexicanas, sin importar que se trate de la categoría varonil o femenil, que haya durado tanto tiempo en su cargo como lo hizo Cuéllar. Esto se debe resaltar ya que no solo impresiona la cantidad de tiempo, sino además el hecho de que no se le hubiera dado alguna oportunidad a una mujer para entrenar a la selección en tantos años. En las casi dos décadas (1998–2016) en las que Cuéllar fungió como director técnico de la selección, diferentes grupos organizados de feministas mexicanas continuaban luchando por diversas causas sociales y políticas. Los colectivos feministas de la época estaban pugnando por despenalizar el aborto, se movilizaban contra la violencia de género y por la diversidad sexual, entre otras causas. Todo esto mientras Cuéllar continuaba al mando de la selección femenil. Este incluso fue reconocido en el Salón de la Fama de Pachuca en el 2014 al ser investido en la categoría femenil, decisión que molestó a un sector de la afición, ya que en ese año Cuéllar fue el único premiado en la categoría femenil. Ninguna mujer fue reconocida en ese año.

La internacionalización de futbolistas mexicanas

Durante las décadas finales del siglo XX, un gran número de mujeres jugaba de manera *amateur* en torneos locales, estatales y nacionales. Algunas futbolistas emigraron a otros países y jugaron en equipos universitarios o en la recién fundada liga femenil estadounidense (Women's United Soccer Association), la cual no se caracterizó por tener gran estabilidad. Durante estos años México conoció a quien se convertiría en la jugadora más reconocida del país, Maribel Domínguez. La carrera y los logros de Domínguez como jugadora de la selección mexicana son de destacarse. Hasta la fecha sigue siendo la jugadora con más anotaciones con el equipo nacional, con más de 80 goles. La historia de Maribel Domínguez, o "Marigol", así como la de Vargas y Rubio, muestra las dificultades que han tenido que pasar muchas mujeres para jugar futbol profesionalmente. Domínguez empezó jugando en equipos varoniles, con el nombre de Mario, debido a la falta de conjuntos femeniles organizados y con recursos.

De hecho, el 19 de octubre de 2021 para conmemorar el día nacional contra la discriminación, la selección nacional de México difundió en su cuenta oficial de YouTube el video titulado "'Mario', la historia de Maribel Domínguez". En este video se narra el trayecto que la futbolista tuvo que realizar para lograr sus sueños. No solamente futbolistas como Domínguez han tenido que vestirse de hombre para poder formar parte de un grupo organizado y entrar en espacios imaginados meramente como masculinos. Como ya se mencionó, esto también ocurrió durante la Revolución mexicana. El propósito y riesgo de ambas transgresiones sociales es evidentemente diferente. No obstante, el ejemplo de las soldados y Domínguez nos permite ver cómo en diferentes circunstancias y épocas, los parámetros y normas hegemónicas de género se han llegado a desestabilizar y a desobedecer tanto en espacios públicos como privados. La misma "Pelé" Vargas anheló jugar en equipos masculinos y poder recibir un salario, cosa que nunca sucedió.

Domínguez tuvo una carrera futbolística excepcional; en el 2002 fichó para el Kansas City Mystics de Estados Unidos y en el 2003 participó con México en el torneo preolímpico que llevaría al equipo nacional a los Juegos Olímpicos de Atenas 2004. La calidad de "Marigol" no fue desapercibida y ese mismo año el Atlético Celaya, equipo varonil de la división de ascenso en ese momento, intentó contratarla. Ante la petición del Celaya para que Domínguez jugara en el equipo, Joseph Blatter, el entonces presidente de la FIFA, declaró: "Si esta señorita quiere hacerlo, que lo haga. Pero no dentro de nuestra institución" (Luna Cruz 2022). La prohibición de la FIFA no impidió que Maribel Domínguez hiciera historia en el futbol femenil. En el 2005 fue fichada por el FC Barcelona Femení, en el cual jugó más de un año para después partir al Unió Esportiva L'Estartit Costa Brava de Girona. Toda la carrera futbolística de "Marigol" estuvo llena de distinciones, como la de haberse convertido en una de las primeras[12] mujeres extranjeras en jugar en la Superliga Femenina,[13] por mencionar un ejemplo. Sin duda alguna, la participación de Domínguez en el futbol español abrió las puertas para la internacionalización de otras futbolistas mexicanas.

Una de estas jugadoras fue Charlyn Corral, quien en 2015 fichó por el Levante de España. La carrera de Charlyn ha sido también una de las más exitosas de México, puesto que jugó con uno de los equipos más importantes del futbol español femenil, el Atlético de Madrid. Durante su estancia en España fue galardonada como la máxima goleadora de la Liga en el 2017. En el Levante fue la máxima goleadora en tres diferentes años, y tanto en 2015 como en 2016 fue nombrada la mejor delantera de la Liga española. Corral juega actualmente para el equipo Club de Futbol Pachuca. En su segundo torneo en el futbol profesional de México ganó el subcampeonato y fue la jugadora de su equipo con más goles en esa temporada. En el siguiente torneo, Clausura 2023, fue campeona de goleo y obtuvo el premio Balón de Oro al ser considerada como la mejor jugadora de la liga mexicana en ese año futbolístico.

No solamente las futbolistas mexicanas que juegan en posiciones ofensivas han sobresalido en España, también se debe destacar la carrera futbolística de la defensa Kenti Robles, una de las jugadoras mexicanas más emblemáticas de los últimos tiempos. Solamente tres personas en el mundo han jugado futbol

para los tres equipos más populares en España.[14] Robles es la única persona
mexicana que lo ha hecho, ya que jugó para el Barcelona Femení de 2011 a
2014, en el Atlético de Madrid de 2015 a 2020 y en el Real Madrid desde el
2020. Robles debutó en el Espanyol, club en el cual se formó y es un referente
indiscutible dentro de la selección nacional. Mas no solo en España han sobresalido jugadoras mexicanas. Islandia, Finlandia y los Países Bajos son algunos
de los países en donde otras futbolistas han incursionado con éxito. La misma
Charlyn Corral jugó para el equipo finlandés, Merilappi United. Bianca Sierra
fue jugadora del Arna-Bjørnar noruego para después jugar junto a su ahora
esposa, Stephany Mayor, en el Þór/KA de Islandia. Por su parte, Cecilia Santiago y Anika Rodríguez fueron jugadoras del PSV en los Países Bajos. Cristina
Ferral jugó en Francia y Kiana Palacios lo hizo también en España, solo para
mencionar algunos ejemplos. No obstante, es en Estados Unidos en donde se
han formado y han jugado muchas de las jugadoras que ahora participan en la
Liga MX Femenil y en la selección nacional mexicana.

La esperanza del futuro y las selecciones nacionales

Hasta ahora se han nombrado solo a algunas de las jugadoras que han sobresalido en el futbol femenil mexicano. Sin embargo, a esta lista podríamos sumarle
nombres como Mónica Ocampo, Lupita Worbis, Nayeli Rangel, Verónica Pérez,
Marlene Sandoval, Luz Saucedo, Iris Mora y muchas otras que han sentado las
bases para que el equipo mexicano empezara el año 2022 en el lugar número
27 de 178 selecciones. Como es bien sabido, en el futbol varonil la zona de
Concacaf —a la que pertenece México— no es la más competitiva teniendo
en cuenta que las mejores selecciones se encuentran en Europa o Sudamérica.
Sin embargo, al equipo femenil le toca contender contra dos de las selecciones
más competitivas del futbol femenil, como lo son las ganadoras de la medalla
de oro olímpica en el 2021, Canadá, y la selección más exitosa de la historia del
futbol femenil, Estados Unidos.[15] Aun así México ha intentado mantenerse en
la pelea deportiva, a pesar de que las diferencias en los recursos y los procesos
de formación entre estos dos países y el mexicano son abismales.

Ahora bien, en el momento que se escribe este libro, las selecciones mexicanas de futbol, en varias de sus categorías, se encuentran en una etapa de
reestructuración en lo administrativo después de presentarse derrotas y elimi-
naciones importantes. Cabe recordar que la selección mexicana varonil sub-20
no se clasificó para el mundial de Argentina 2023, ni a los Juegos Olímpicos

de París 2024. La selección varonil mayor perdió la Copa de Oro en 2021 y la Liga de Naciones de Concacaf en 2021 y 2023; las derrotas definitivas se dieron en contra de su acérrimo rival, Estados Unidos. En el Mundial de Qatar 2022 el equipo varonil quedó eliminado en la ronda de grupos, algo que no había ocurrido desde 1978 en Argentina. Esto se puede considerar como un fracaso histórico para el equipo que más recursos y apoyo recibe dentro del deporte mexicano. La selección nacional femenil mayor no se clasificó para el Mundial de Australia y Nueva Zelanda 2023, ni a los Juegos Olímpicos en París, a pesar de jugar el torneo clasificatorio en México.

Con respecto a esta reestructuración, en la categoría femenil se llevaron a cabo dos cambios significativos. El primero fue la destitución de la entrenadora de la selección mayor, Mónica Vergara. Su puesto fue ocupado nuevamente por un hombre, el entrenador español Pedro López, campeón del mundo con la selección nacional femenil sub-20 de España en 2022. La otra modificación fue la de crear el puesto de directora general de selecciones nacionales femeniles; la exfutbolista Andrea Rodebaugh fue seleccionada para este cargo en septiembre de 2022. Rodebaugh no pudo jugar profesionalmente en México, ya que no existía una liga femenil profesional en el país cuando era jugadora activa, aunque sí lo hizo en Japón. También fue directora técnica del Club Tijuana Xoloitzcuintles femenil.

En 2007, seis exfutbolistas se reunieron para hablar con las académicas Teresa Osorio y Hortensia Moreno sobre su experiencia jugando futbol en México. Las futbolistas eran Edurne Hernández, Silvia Fregoso, Karla Maya Vera, Ilse Bernal, Elía Echeverría y la ahora directora general de Selecciones Femeniles, Andrea Rodebaugh. El título de la entrevista, "Me hubiera encantado vivir del futbol", resume el sentir de las jugadoras quienes a través de sus testimonios expresaban que en el 2007 era todavía imposible vivir del futbol. Silvia Fregoso incluso anticipaba que la profesionalización del futbol femenil tardaría al menos 20 años (Osorio y Moreno 2007, 95), es decir alrededor del 2027. La misma Rodebaugh explicaba que "[s]er mujer en el futbol como jugadora, como entrenadora o árbitro, es entrar a un partido 1–0 abajo porque siempre vas a tener algo en contra por el simple hecho de ser mujer" (100). Afortunadamente, la Liga MX Femenil llegó antes de lo que las mismas futbolistas anticipaban.

Ahora bien, a pesar de que la eliminación de la selección femenil de la Copa del Mundo de 2023 y de los Juegos Olímpicos es un fracaso dentro de la historia del futbol femenil, esto no significa que haya un retroceso con respecto al desarrollo de los equipos mexicanos en la Liga o en el proceso de las generaciones juveniles. Las selecciones de categorías inferiores son las que mayor crecimiento han tenido en la rama femenil. Dentro de los logros más destacados en estas categorías podemos mencionar el primer lugar del equipo mexicano en el Campeonato Femenino sub-20 de la Concacaf en el 2018. En este torneo, el cual otorga los pases a los equipos que representarán a esta división en la Copa Mundial Femenina de Futbol sub-20, México derrotó a Estados Unidos en fase de penales. En esta categoría se ha alcanzado la fase de cuartos de finales en cuatro ocasiones: 2010, 2012, 2016 y 2022.

Precisamente en 2022 Maribel Domínguez dirigía a la selección sub-20 femenil mexicana que se encontraba en preparación para la Copa del Mundo de Costa Rica de ese mismo año. Días antes de que comenzara el campeonato diferentes medios de comunicación presentaban la noticia de que Maribel Domínguez y su cuerpo técnico habían sido separados de su puesto debido a comportamientos inapropiados. En diferentes cuentas deportivas en redes sociales corrían versiones que iban desde supuestas relaciones sentimentales que la entrenadora mantenía con jugadoras, hasta historias de abusos por parte de su cuerpo técnico. Días después, la FMF ofreció un comunicado en donde confirmaba que la entrenadora y su cuerpo técnico estaban separados de su cargo y que sería la entrenadora de la sub-17 femenil, Ana Galindo,[16] quien tomaría el cargo de directora técnica para dicho campeonato. El caso de Domínguez se analiza en el capítulo dos, puesto que muestra la desorganización y falta de protocolos en la FMF en cuestiones de comunicación que pueden haber involucrado abusos psicológicos y/o físicos hacia las jugadoras.

Todavía con la presión mediática, y la inestabilidad que prevalecía alrededor del equipo mexicano, la selección logró avanzar hasta los cuartos de final. En ese partido perdieron 1–0 contra el equipo español que terminaría siendo campeón de la mano del ahora entrenador de la selección mayor femenil mexicana, Pedro López. Resultados como este invitan a pensar que las selecciones femeniles mexicanas tienen el potencial para seguir creciendo y despuntando dentro del futbol internacional. Otro factor que invita a pensar positivamente sobre el futuro de las futbolistas mexicanas es el desempeño de las jugadoras juveniles en la Liga MX, una Liga que se ha vuelto vital para que miles de niñas y mujeres sueñen con jugar futbol de manera profesional.

La Liga MX Femenil llegó para quedarse

La llegada del futbol femenil a la cultura *mainstream* mexicana contemporánea se debe a una serie de circunstancias, pero la más importante es a la profesionalización del futbol femenil en el país. El 5 de diciembre de 2016 se estableció la Primera División Femenil. Enrique Bonilla, quien fuera el presidente de la Liga Mexicana en dicho año, declaró en diferentes medios de comunicación que la división femenil contaría con equipos femeniles derivados de los clubes varoniles y que estos tendrían jugadoras sub-23 y sub-17, además de un par de jugadoras de categorías libres. En aquel momento no se aceptaban jugadoras extranjeras dentro de los equipos, regla que ha ido cambiando en los últimos torneos. Hoy en día se permiten cuatro jugadoras extranjeras por cada equipo. La mayoría de estos se han reforzado con jugadoras de otros países. Chivas es el único equipo que no contratará a jugadoras extranjeras, ya que en todas sus divisiones juegan únicamente con futbolistas mexicanas.[17] Al principio, el número de jugadoras mexicoamericanas estaba limitado, pero ahora estas futbolistas no ocupan plaza de extranjeras.[18]

Desde un año antes de la noticia de Bonilla, México contaba con una liga *amateur* en la que participaban miles de jóvenes mexicanas, pero esta fue la primera vez que equipos femeniles eran reconocidos y respaldados por la Federación Mexicana. Fue así como en mayo de 2017 se llevó a cabo la Copa MX Femenil, torneo en el que participaron doce equipos[19] y que fungió como antesala de la Liga que inició ese mismo año. Pachuca jugó la final de la Copa frente a Tijuana y se llevó el campeonato. La periodista Beatriz Pereyra explica que la creación de la Liga MX Femenil se debió a un requisito de la FIFA para que México pudiera ser, junto a Canadá y a EE. UU., sede de la Copa del Mundo de 2026 (Pereyra 2021, III). No obstante, queda claro que con cada torneo la liga femenil se vuelve más popular y que ha logrado mantenerse estable. Esta liga cuenta con los mismos 18 equipos que conforman la liga varonil, es decir: América, Atlas, Atlético de San Luis, Cruz Azul, Futbol Club Juárez, Guadalajara, León, Mazatlán, Monterrey, Necaxa, Pachuca, Pumas (UNAM), Puebla, Querétaro, Santos Laguna, Tigres de la UANL, Tijuana y Toluca.

Los logros de la Liga MX son dignos de resaltarse, desde las cuestiones deportivas hasta los que muestran el interés de la afición. En el partido de vuelta de la final del Torneo Clausura 2023 se registró el mayor récord de asistencia cuando 58 156 aficionadas/os asistieron al Estadio Azteca a ver al América contra Pachuca. El récord anterior a este se produjo en la final de ida del Torneo Apertura 2022 entre el América y Tigres, en noviembre de 2022. Un total de 52 654 personas se dieron cita en el Estadio Azteca para presenciar el partido. Tigres, el equipo femenil más ganador de México,[20] cuenta también con diferentes récords de *streaming* de sus partidos en Facebook. Durante la final de vuelta del Torneo Apertura 2022, más de 65 000 personas llegaron a conectarse a la cuenta de Facebook de Tigres femenil para ver el partido en vivo, a pesar de también haber una transmisión en televisión abierta y de que su estadio, el Estadio Universitario, se encontraba a su máxima capacidad.

Equipos femeniles como Tigres, Chivas, y América aparecen constantemente en los primeros lugares del mundo en interacciones de futbol femenil en redes sociales como Twitter, ahora X.[21] Asimismo, en el 2022, la Liga MX Femenil anunció que según un reporte de una firma alemana: "en la sumatoria de Twitter, Facebook, Instagram, YouTube y TikTok, con corte al 31 de diciembre del 2021, la Liga MX Femenil registra 1 millón 71 mil 594 seguidores, arriba de la National Women's Soccer League de Estados Unidos (NWSL) que acumula 1 millón 48 mil 819 seguidores" ("Liga MX Femenil" 2022). En cada torneo se forman más grupos de animación especialmente dedicados a apoyar a los equipos femeniles. Es importante recalcar, además, que la cobertura de la Liga sigue en crecimiento en periódicos y programas deportivos, y que constantemente se crean más pódcast y cuentas de redes sociales que se enfocan exclusivamente en los equipos femeniles.[22]

A esto habría que sumarle también que ahora existen fuerzas básicas sub-17, sub-18 y sub-19 de equipos femeniles,[23] lo que augura una estructura y un proceso más fuerte, tanto para la liga local como para las selecciones nacionales. Todo esto nos lleva a especular con que el futbol femenil en México tiene un futuro prometedor. Si bien a nivel selección queda un largo proceso, la Liga MX Femenil es sin duda un ejemplo a seguir para otros países y un espacio para mujeres que buscan jugar de manera profesional. Aun con todos estos logros queda mucho camino por recorrer, especialmente cuando hablamos de las diferencias de salarios y recursos que existen entre los mismos equipos femeniles, por no decir la discrepancia abismal entre la liga varonil y femenil. La violencia, el sexismo y la lesbofobia/homofobia son otros factores que todavía están presentes en el balompié mexicano. En general, el futbol y todos los aspectos que forman parte de este, representan un microcosmos de la sociedad mexicana, con todo lo bueno y lo problemático que esto conlleva.

Salarios dignos para las futbolistas

Si bien es cierto que la brecha de salario entre hombres y mujeres en México ha disminuido en los últimos años, esta reducción no puede verse como significativa. De acuerdo con las estadísticas proporcionadas por el gobierno nacional, el porcentaje de la brecha salarial pasó de 13.1 por ciento en 2018 a 12.2 por ciento en 2021 ("La brecha salarial" 2022). Esta diferencia en cuanto al salario mínimo por hora revela la desigualdad entre hombres y mujeres al realizar las mismas labores en el país. Esta inequidad también se observa cuando hablamos de futbol. El argumento principal para esta es que las ganancias del futbol varonil son ampliamente superiores a las del futbol femenil. En efecto, los equipos varoniles producen más ingresos. También es cierto que para que los equipos femeniles tengan ganancias las instituciones deportivas deben primero invertir recursos en esta categoría. Además, la lucha por mejores salarios en el futbol femenil no viene de una comparación con la varonil directamente. La lucha es para que las mujeres reciban salarios dignos que les permitan desarrollar su profesión, que sean competitivos y que se sigan incrementando como sucede en la categoría varonil.[24]

Ahora bien, al hablar de salarios, Tigres, Rayadas, América, Pachuca y Chivas son de los equipos que mejor pagan a sus jugadoras. Se ha reportado que los dos equipos de Monterrey ofrecen a sus jugadoras salarios de entre 20 000 y 80 000 pesos mensuales, mientras que otros equipos mexicanos tienen un promedio de 3500 pesos mensuales (Pereyra 2021, VII). Los equipos que se acaban de mencionar son los clubes que destinan más recursos a sus equipos femeniles, incluyendo en esta lista a FC Juárez Femenil y Tijuana. Estos además proveen recursos que les permiten a sus jugadoras desarrollarse como profesionales en cuestión de instalaciones, alimentación, transportación, entrenamientos específicos para mujeres, entre otros. Mientras que estos equipos brindan a sus jugadoras servicios similares a las categorías varoniles, también hay casos como el de las Centellas del Necaxa en los que se acentúa la desigualdad incluso entre equipos femeniles. De acuerdo con Pereyra, todavía en el 2021 la directiva de este equipo "no les [pagaban] a las jugadoras que son menores de edad, pero para [ese] torneo subieron los sueldos de las que sí [cobraban] de 3 mil 500 a 3 mil 900 pesos. Los mejores sueldos en ese año eran de cinco mil pesos mensuales" (IX). Hasta hace poco las jugadoras de las Centellas no podían ducharse en los vestidores del club, y tenían que pagar por sus alimentos (@JCZamora07 2023). Este mismo equipo ha tenido que viajar más de diez horas en autobús para llegar de una sede a otra (Spindola 2022).

Después de un empate de su equipo, Gerardo Castillo, quien fuera el entrenador de las Centellas en el torneo Apertura 2022, dijo sentirse avergonzado por el rendimiento de sus jugadoras y fastidiarse tratando de convencerlas que siguieran sus instrucciones porque son profesionales (Spindola 2022). Es decir, el trato que se les da a estas jugadoras no es el de atletas profesionales y, sin embargo, se les exige que produzcan resultados como si lo fueran. Algunas futbolistas han decidido abandonar el futbol ante la imposibilidad de poder sobrevivir de sus salarios aun cuando son futbolistas profesionales. Una de estas jugadoras es Andrea Tovar, quien jugaba para el Club Santos Laguna y decidió no continuar ejerciendo la profesión seis meses después de su debut ("En busca…" 2021). Así como estos, existen otros muchos ejemplos de la inequidad que existe en el futbol femenil mexicano.

Una de las jugadoras más emblemáticas e importantes del futbol mexicano femenil, Alicia Cervantes, compartió en una entrevista que su salario en Atlas Femenil era de mil quinientos pesos mensuales y que la administración se negó a darle un aumento, razón por la que abandonó el club (Jiménez 2018). Cervantes fue después contratada por Monterrey y actualmente juega para las Chivas. Esta futbolista acumula más de 100 goles oficiales en la liga y ha sido campeona de la Liga MX Femenil en tres ocasiones, además de haber ganado el torneo Campeón de Campeones. "Licha" Cervantes fue reconocida como la mejor goleadora del mundo durante el año futbolístico del 2021, según la Federación Internacional de Historia y Estadística de Fútbol, y es tricampeona de goleo en la Liga MX Femenil.

Ahora bien, ya que el valor de los equipos de futbol se evalúa en términos de ganancias, entonces es necesario invertir en los equipos femeniles para que produzcan. Uno de los mejores ejemplos de esto es el FC Barcelona Femení. La revista *Forbes* publicó que durante el año futbolístico de 2021–2022, este equipo generó ganancias de 8.3 millones de dólares, lo que lo ubicó en el primer sitio en este rubro entre los equipos femeniles superando a otros clubes como Manchester City, Manchester United y el París Saint-Germain (Burhan 2023). En 2022 el Barcelona Femení generó 14 millones y para el 2023–2024 se espera que los ingresos superen los 17.5 millones (Correas 2023). Si bien se puede pensar que la popularidad de este equipo se deriva del FC Barcelona varonil, la realidad es que el Barcelona Femení ha pasado por un proceso que inició sin grandes utilidades monetarias; de hecho "en la época pre-covid tenía tres millones de euros de déficit" (Correas 2023).

Sin embargo, la institución culé ha decidido apoyar e invertir en el proyecto, así como buscar patrocinadores que han hecho que el equipo pueda seguir desarrollando jugadoras y fichando a estrellas internacionales como la campeona europea y la mejor jugadora de la FIFA en el 2020, Lucy Bronze. El equipo catalán cuenta además con Alexia Putellas, la única jugadora que ha ganado dos veces el Ballon d'Or (Balón de Oro) como mejor jugadora del mundo en 2021 y 2022. Putellas es ahora la tercera futbolista que más dinero gana, alrededor de cuatro millones de dólares por su trabajo dentro y fuera de las canchas (Knight 2023). Es indudable que los ingresos de este club seguirán incrementando al igual que su marca deportiva.[25] El compromiso de la institución con sus categorías juveniles a través de la Masia continúa generando frutos tanto futbolísticos como económicos.

Avances en cuestiones económicas y lo que falta por hacer

En los últimos años más federaciones de futbol han implementado políticas en cuanto a los salarios de sus selecciones nacionales para que los equipos femeniles tengan los mismos ingresos que los varoniles cuando representan a su país. La selección femenil de Noruega fue la primera en recibir beneficios económicos iguales a los de sus compañeros varones en el 2017. A esta le siguieron otras federaciones como las de Brasil, Nueva Zelanda, Australia, Inglaterra, Irlanda, Suecia, Finlandia y Países Bajos. Es importante también mencionar que la selección Femenil de Estados Unidos presentó una demanda colectiva contra la federación de su país por igualdad salarial. En 2022 las jugadoras y la federación llegaron a un acuerdo. Además de recibir 24 millones de dólares a repartir entre las jugadoras, la federación estadounidense se comprometió a proporcionar salarios igualitarios para sus selecciones femeninas y varoniles. La tasa igualitaria fue implementada en todas las competencias incluyendo en las Copas del Mundo (Das 2022).

Esto ha sentado precedentes dentro de las selecciones femeniles, particularmente aquellas que han sido igual o más exitosas que las categorías varoniles, como es el caso de la selección de Canadá. Las jugadoras de la selección campeona de los Juegos Olímpicos de Tokio 2020 están alzando la voz, realizando huelgas y presionando a la federación canadiense para que les ofrezca los recursos que su selección merece. Durante el torneo "She Believes Cup" de 2023 las jugadoras canadienses decidieron no jugar uno de sus partidos en forma de protesta. Sin embargo, estas fueron obligadas a presentarse. Ante esto, la mejor jugadora del futbol canadiense, Christine Sinclair,[26] explicó: "Para aclarar. Nos vemos obligadas a volver a trabajar a corto plazo. Esto no ha terminado. Seguiremos luchando por todo lo que nos merecemos y venceremos" (@ Sincy12 2023).[27] Es importante resaltar que la selección varonil canadiense ha apoyado públicamente a sus compañeras, convirtiéndose en aliados en la lucha para conseguir la igualdad salarial y de recursos a nivel selección en su país.

En México no parece que esto llegue a ocurrir pronto a nivel selección, especialmente después de que la selección femenil no calificó a la Copa Mundial de 2023. Sin embargo, la Liga MX Femenil continúa recibiendo más apoyo de patrocinadores nacionales e internacionales, como el caso de Nike. La empresa norteamericana creó un balón especial para la Liga MX Femenil y patrocina el torneo como lo hace con la NWSL y la Superliga Femenina de Inglaterra. Este tipo de inversiones ayudan a que los equipos femeniles ingresen más dinero y puedan ofrecer mejores salarios a las jugadoras. Equipos como Tigres Femenil y Rayadas tienen sus propios patrocinadores, lo que ha hecho que poco a poco obtengan ganancias económicas propias y no derivadas completamente de los equipos varoniles. Asimismo, las entradas en los estadios siguen incrementando para los equipos más populares del país, como Tigres y Guadalajara.

En general, la asistencia en los partidos de la Liga MX femenil sigue en aumento. En el Torneo Apertura 2022 la asistencia total durante la temporada, incluyendo la liguilla,[28] fue de 553 374 espectadores. En el siguiente torneo, el Clausura 2023, la asistencia fue igual de buena con un total de 544 780. Estamos hablando de más de medio millón de personas que asistieron a los estadios en los dos últimos torneos a ver un futbol que supuestamente no vende y no interesa. No debe sorprendernos entonces que los equipos que mejores salarios ofrecen a sus jugadoras sean también los que cuentan con los mejores récords de asistencia en sus estadios. Esto se puede observar en la tabla 1 generada con información de la Liga y que refleja datos hasta el año 2023 (@BRChavezChavez 2023).

Tabla 1. Las diez mejores asistencias de la Liga MX Femenil

Puesto	Partido	Estadio	Torneo	Número de espectadores
1	América vs Pachuca	Azteca	Clausura 2023	58 156
2	América vs. Tigres	Azteca	Apertura 2022	52 654
3	Rayadas vs. Tigres	BBVA	Clausura 2018	51 211
4	Rayadas vs. Tigres	BBVA	Apertura 2022	42 315
5	Tigres vs. América	Universitario	Apertura 2022	41 615
6	Tigres vs. Rayadas	Universitario	Apertura 2019	41 615
7	Tigres vs. América	Universitario	Apertura 2018	41 121
8	Chivas vs. Pachuca	Akron	Clausura 2022	40 462
9	Tigres vs. Rayadas	Universitario	Apertura 2023	40 039
10	Tigres vs. América	Universitario	Apertura 2023	38 493

Estas son las diez mejores asistencias de la Liga MX Femenil hasta el torneo Apertura 2023. Información de Brenda Chávez Chávez recolectada de las actas arbitrales de cada partido (@BRChavezChavez (2023).

De los cinco equipos que aparecen en esta tabla, cuatro han sido campeones de Liga MX Femenil: Tigres (6 campeonatos de Liga y 2 Campeón de Campeones), rayadas (3 campeonatos), América (2 campeonatos), Chivas (2 campeonatos y un Campeón de Campeones). Pachuca, por su parte, ha llegado a la final en tres ocasiones y fue el equipo ganador de la Copa MX Femenil en el 2017. Instituciones como la de Pachuca también merecen ser resaltadas, ya que han invertido recursos para fortalecer su equipo femenil incluso contratando a estrellas nacionales e internacionales como la ya mencionada, Charlyn Corral, y la española, Jennifer Hermoso, quien ahora juega para Tigres Femenil.

La respuesta de la afición en los estadios es un resultado directo del apoyo que las instituciones le están dando a sus equipos femeniles. Otro ejemplo es el ya mencionado, FC Juárez. La inversión que se ha hecho en el equipo se ha reflejado en las gradas. En la temporada Apertura 2022 la asistencia en el estadio Olímpico Benito Juárez durante el torneo regular fue de 7925 espectadores, mientras que en el Clausura 2023 la asistencia registrada fue de 23 103 espectadores.[29] Es decir, la asistencia aumentó en un 191 por ciento de un torneo a otro. Un claro ejemplo de inversión y ganancia por parte de la directiva juarense y de la gran relación que se ha creado entre el equipo y la afición.

Esto también se ha visto reflejado en las transmisiones televisivas de los partidos. El presidente ejecutivo de la Liga MX Femenil, Mikel Arriola, anunció que el Torneo Apertura 2022 fue el que más audiencia ha tenido en la historia de Liga MX Femenil ". . . con un alcance de 5.7 millones de personas en transmisiones de TV" y con partidos de semifinales que alcanzaron más de 2.2 millones de televidentes (@MikelArriolaP 2022). Las dos finales de ese torneo, disputados entre Tigres y América, recaudaron más de 5.3 millones de televidentes, además de que la final de vuelta en San Nicolás, Nuevo León fue "el partido más visto en Norteamérica en la historia del futbol femenil" ("Final de futbol" 2022). Estos datos no incluyen las transmisiones en vivo de Facebook que los dos equipos ofrecieron de los partidos; la transmisión de América Femenil en Facebook y YouTube llegó a tener a más de 1.26 millones de personas conectadas viendo y comentando este partido a través de estas redes sociales (@AmericaFemenil 2022).

Ahora bien, la gran labor de las instituciones que apoyan el futbol femenil ha resaltado las marcadas diferencias entre los mismos equipos femeniles mexicanos. Quien fuera jugadora de Mazatlán y Pachuca, Tamara Romero, dio una entrevista para *Futbol Gol Femenil*,[30] programa de Fox Sports México. Romero criticó fuertemente la falta de apoyo de algunos equipos quienes parecen tener en sus instituciones la categoría femenil solo por ser un requisito de la FMF.

La futbolista declaró que "se nota en la tabla quiénes son los clubes que realmente invierten" en sus equipos femeniles. Romero les pidió a las directivas que
las "traten como profesionales" (@FOXGolFemenil 2023) y en unos minutos
expresó lo que muchas mujeres han exigido por años: equidad en el futbol
mexicano. Los equipos femeniles que invierten en sus jugadoras y en su profesionalización se están sumando a la lucha por la igualdad dentro de los deportes
y en la sociedad mexicana, en general. No obstante, falta mucho por hacer,
especialmente por parte de las instituciones que se han quedado rezagadas.

En diciembre de 2023 se extendió el convenio entre la entidad bancaria
BBVA y los torneos mexicanos —liga varonil, liga de expansión y la liga femenil—. Durante el evento que se realizó para dar este anuncio, Mikel Arriola
destacó que la final de vuelta del Torneo Apertura 2023 ha sido la más vista
en la historia de la Liga MX Femenil, con cuatro millones de televidentes (@
apchavira 2023). Resulta evidente que La Liga MX Femenil llegó para quedarse
y que la lucha por la equidad en el futbol femenil continuará, especialmente
después del Mundial varonil de 2026 cuando las instituciones quizá ya no estén
obligadas por la FIFA a tener equipos femeniles.

Claudia Muñoz

Claudia Muñoz es la madre de la futbolista Lizbeth Jacqueline Ovalle Muñoz.
Ovalle es también conocida como "la Maga" debido a su calidad futbolística.
La mediocampista ofensiva nació en la ciudad de Aguascalientes y es considerada por muchas personas como la mejor jugadora de la Liga MX Femenil. En
el año futbolístico 2022–2023 fue finalista al Balón de Oro de la Liga mexicana.
La carrera de Ovalle está llena de reconocimientos. Ha sido campeona de Liga
en seis ocasiones con su equipo, Tigres Femenil, y tiene dos títulos de Campeón
de Campeones con este mismo club. En la temporada Clausura 2024, Ovalle
se convirtió en la segunda jugadora con más anotaciones de Tigres Femenil
en toda su historia solo por debajo de Stephany Mayor. Ha representado a la
selección mexicana en mundiales sub-17 y sub-20 y es parte fundamental de la
selección mayor.

La FIFA reconoció a Ovalle como acreedora al mejor gol de la Copa
Mundial Femenina Sub-20 de Francia 2018. Además de estos reconocimientos, Ovalle es una de las jugadoras más apoyadas por la afición mexicana,
incluso por aficiones de otros equipos de la Liga. El 1 de septiembre de 2023
su equipo enfrentó a Barcelona Femení en el estadio Universitario de Nuevo
León, al salir de cambio la jugadora recibió la ovación más grande de la noche.

Su familia —padres y hermanos— viajaron de Aguascalientes a Monterrey y se encontraban en el estadio para ver a la futbolista enfrentar al equipo más famoso del mundo. Esa noche Claudia Muñoz platicó brevemente con la autora sobre la carrera de su hija.

Carolina E. Alonso: Usted como mamá de la mejor jugadora de la liga, bueno, aunque no tenga el balón de oro pues es la mejor jugadora de la liga. ¿Qué esfuerzos tuvo que hacer la familia, ella, para llegar a donde está? ¿Qué piensa usted de dónde está?

Claudia Muñoz: Pues sí nos costó mucho trabajo y mucha economía principalmente, pero gracias a Dios mi esposo la apoyó mucho y nosotros. Gracias a Dios se le dio, fue a visorias y se le dio, fue de 5 muchachas que iban ella fue la única que quedó y gracias a Dios pues fue mucha suerte también.

C. E. A.: ¿En Aguascalientes?

C. M.: No, de Aguascalientes se fue a México, a la Ciudad de México, al CAR[31] y luego ya del CAR de ahí la seleccionan, y de 5 amigas que iban nomás ella quedó seleccionada. O sea que gracias a Dios fue un milagro muy grande y mucha suerte.

C. E. A.: ¿Cuántos años tenía ella?

C. M.: Este, creo que 17.

C. E. A.: ¿Para ustedes fue difícil?

C. M.: Fue difícil porque pues nunca se había desprendido de nosotros y estaba muy chiquita, era menor de edad, pero yo con mucho miedo y temor pues la fuimos a llevar a México, al CAR y ya ahí la tuvieron así en el internado del CAR, ya la dejé, pero sí fue muy difícil y pues gracias a Dios se ha logrado todo y ya ha habido muy buenos resultados.

C. E. A.: ¿Qué le dice a otros papás y mamás que sus hijas están queriendo ser [futbolistas], pero les da miedo, porque. . .

C. M.: Ah no, pues que las apoyen y que confíen en ellas porque sí van a llegar a [ser] muy grandes primeramente Dios.

C. E. A.: ¿Dónde se imagina que va a llegar Jackie en 2, 3 años, 5 años? ¿Cuál es su sueño?

C. M.: Pues yo primeramente Dios sueño con que se vaya a Europa o a Estados Unidos, primeramente Dios a Inglaterra, Dios quiera, ya de aquí de Tigres que ya...

C. E. A.: Ha hecho todo.

C. M.: Ha hecho todo en Tigres ya que se vaya a Estados Unidos o a Europa sería un gran orgullo.

C. E. A.: ¡Muchas gracias!

C. M.: Ándele pues, de nada.

Notas

1 A diferencia de las soldaderas, las soldados se masculinizaban, vestían como hombres dentro y fuera del campo de batalla. Véase el trabajo de la académica mexicana Martha Eva Rocha Islas para conocer más al respecto.

2 Elsey y Nadel señalan que en algunas ciudades y escuelas había excepciones y no se diferenciaba entre géneros (161), aunque en la mayoría de los casos esto sí ocurría.

3 Estas normas sociales incluso fueron reproducidas por los inmigrantes y exiliados mexicanos en los Estados Unidos durante y en los años posteriores a la Revolución mexicana.

4 Es evidente que este tipo de divisiones e imposiciones perjudicaban a quienes quisieran participar en un deporte diferente al que se le asignaba de acuerdo con su género, o más bien, de acuerdo con el sexo asignado en su nacimiento. Todavía en el siglo XXI vemos cómo estas segregaciones continúan afectando a deportistas más allá del futbol. Uno de los ejemplos que se pueden mencionar es el del patinaje artístico. El patinador mexicano Donovan Carrillo ha difundido haber sufrido de discriminación por practicar este deporte y ha expresado que "una disciplina no debe ser exclusiva de un solo género" (Miranda 2021).

5 Su libro, *Balón de cristal, una historia del fútbol femenino en Colombia*, fue publicado en 2021 por la editorial Planeta.

6 Tal fue el caso de María Amparo Ruiz de Burton, la primera mexicoamericana que escribió una novela en inglés en 1885 y quien utilizó el seudónimo de C. Loyal para evitar represalias. Para leer más sobre la vida y obra de Ruiz de Burton, consulte el trabajo de investigación de las académicas Clara Lomas, Rosaura Sánchez y Beatrice Pita.

7 La traducción del inglés al español es de la autora.

8 Este documental fue escrito, producido y dirigido por la escritora y cineasta, Margot McCuaig (2013).

9 Las mujeres mexicanas sufragaron por primera vez en una elección federal en 1955. No obstante, debemos recordar que todavía existen mujeres a las que no se les permite, o a quienes se les desalienta, votar debido a normas sociales presentes en algunas comunidades mexicanas.

10   Elsey y Nadel explican que los uniformes que las jugadoras recibieron provinieron de Enrique Borja (216), una de las figuras futbolísticas más relevantes del futbol mexicano, reconocido por ser jugador, entrenador, directivo y analista de futbol en la televisión.

11   Hasta el 2023, había 12 mujeres en el Salón de la Fama de la FIFA ubicado en Pachuca. De estas, cuatro son mexicanas. Las 12 mujeres reconocidas en dicho recinto son Delma Gonçalves "Pretinha" (Brasil), Andrea Rodebaugh (México), Pia Sundhage (Suecia), Maribel Domínguez (México), Alicia "La Pelé" Vargas (México), Sissi (Brasil), María Eugenia "La Peque" Rubio (México), Silvia Neid (Alemania), Birgit Prinz (Alemania), Sun Wen (China), Michelle Akers (EE. UU.), y la primera en ser investida, Mia Hamm (EE. UU.).

12   La brasileña Milene Domingues fichó para el Rayo Vallecas un año antes, en 2004.

13   Este era el nombre de la liga española al momento que Maribel Domínguez llegó. Del 2011 hasta el 2022 la liga llevó el nombre de Primera División Femenina o Primera Iberdrola. Ahora se llama Liga F.

14   Los otros dos jugadores son el español, Miquel Soler, y el alemán, Bend Schuster.

15   El equipo estadounidense ha conseguido cuatro Copas del Mundo, cuatro medallas olímpicas de oro, una de plata y una de bronce, además de nueve campeonatos femeninos de la Concacaf.

16   Galindo es una de las entrenadoras con más experiencia dentro de las selecciones mexicanas, puesto que dirigió a las categorías sub-15, sub-17 y sub-20, además de haberlo hecho también como auxiliar de la sub-20 varonil, y fue entrenadora de la selección sub-17 varonil durante un torneo. Ana Galindo también fue auxiliar técnica del América Femenil del 2017 al 2019.

17   Leslie Ramírez fue fichada por las Chivas en el 2021. La jugadora nació en Estados Unidos y juega con la selección de Guatemala, de donde es su madre; por su papá tiene la nacionalidad mexicana, razón por la que pudo jugar en el equipo de Guadalajara.

18   Véase el capítulo cuatro para leer más a fondo sobre las jugadoras mexicoamericanas y extranjeras.

19   Los doce participantes fueron Pachuca, Tijuana, América, Necaxa, Morelia, Toluca, Cruz Azul, UNAM, UANL, Monterrey, Santos Laguna y Guadalajara.

20   Tigres es el equipo con más campeonatos de ligas, con un total de seis. Cuenta también con dos trofeos de Campeón de Campeones Femenil. Tigres ha estado presente en nueve de doce finales de la Liga MX hasta el momento en el que se escribió este libro.

21   En este libro se usa Twitter y no X, ya que es más conocido así que con el nombre actual.

22   Un par de ejemplos de pódcast populares sobre el futbol femenil son *Encanchadas*, *Abriendo Cancha* y *Nuestra Cancha*.

23   En la rama varonil existen las categorías sub-23, sub-20, sub-18, sub-17, sub-16, sub-15, sub-14 y sub-13, además de la Sub Internacional, un torneo donde participan equipos mexicanos e internacionales de la categoría sub-15.

24   A finales de 2023 la directora de la Liga MX Femenil, Mariana Gutiérrez, presentó iniciativas sobre el dictamen de salario base que el Senado aprobó para las futbolistas profesionales. Aunque la igualdad salarial no es viable financieramente para la Liga, un salario base parece ser muy positivo para las futbolistas de los equipos que menos apoyan a sus divisiones femeniles.

25   El Barcelona Femení tiene los dos récords de más espectadores en partidos de futbol femenil a nivel de clubes. El estadio Spotify Camp Nou albergó a 91 648 fanáticos para el partido

contra Wolfsburg femenil, y 91 553 espectadores asistieron a ver al Barcelona contra el Real Madrid. Ambos fueron partidos de la Liga de Campeones Femenina de la UEFA. Además, siete jugadoras de este equipo estuvieron nominadas al Ballon d'Or Féminin en el 2023.

26　Sinclair es la persona con más goles internacionales en el mundo. Usualmente las páginas deportivas resaltan a Cristiano Ronaldo con este récord. Sin embargo, Ronaldo está por debajo de la futbolista canadiense hasta el momento en que se escriben estas páginas.

27　La traducción del inglés al español es de la autora.

28　La liguilla es la fase final del futbol en la liga mexicana y en otros países de Latinoamérica. Es lo que en inglés se conoce como los *playoffs*.

29　En su primer partido de liguilla 11 628 personas asistieron al estadio, por lo que la asistencia total esa temporada fue de 34 731 personas.

30　Este es uno de los programas que se dedican a la cobertura, exclusivamente, de futbol femenil. Cabe destacar que al igual que TUDN, la cadena Fox Sports promueve positivamente el futbol femenil mexicano. La entrevista que aquí se menciona se realizó el 4 de abril de 2023. Las conductoras del programa, Mónica Arredondo, Paulina Chavira y Natalia León, resaltaron la valentía de Romero al hablar al aire sobre estos temas.

31　El Centro de Alto Rendimiento son las instalaciones donde entrenan y se concentran los diferentes representativos nacionales.

Agresiones en el futbol femenil

El futbol es un deporte de contacto; las faltas y las lesiones que ocurren en los partidos son parte intrínseca de éste. Sin embargo, en el futbol varonil hay acciones violentas que han sido normalizadas no solo por los jugadores, sino también por los medios de comunicación, peleas, gestos, insultos, etc. En muchas ocasiones son los mismos narradores y periodistas quienes celebran que un jugador sea "entrón", que no se raje o que sea un "machín" dentro y fuera de la cancha. Hay una línea estrecha que divide a la intensidad y a la pasión de la violencia. En el futbol femenil también existen roces y el ímpetu de defender a los equipos y a las compañeras en situaciones intensas, pero no se han normalizado de la misma manera los comportamientos violentos dentro de la cancha. A decir verdad, más allá de las lesiones a las que todas las futbolistas están expuestas, la violencia que acecha a estas mujeres usualmente no ocurre durante los partidos sino a través de agresiones fuera de estos que afectan su integridad dentro y fuera de las canchas.

· 2 ·

VIOLENCIA DE GÉNERO EN EL FUTBOL MEXICANO

El futbol femenil en México está permeado de violencia. No se trata necesariamente de la violencia que acontece en el futbol varonil, esa que frecuentemente vemos en los estadios en peleas entre aficiones rivales, ni de las barras de animación que se han apoderado de este deporte y que han llegado hasta amedrentar a directivos y futbolistas. La violencia exhibida en relación con el futbol femenil es un reflejo de la violencia contra las mujeres que acaece en todo el mundo y que, en México, desafortunadamente, está muy presente. Se trata de una violencia que es producida, reproducida y normalizada en, y por, una sociedad patriarcal. Las jugadoras de futbol en México son hostigadas, acosadas y amenazadas en redes sociales por aficionados, y algunas también han sido violentadas por sus entrenadores. Fuera de las canchas, la futbolista mexicana —así como cualquier mujer del país sin importar la clase social, su profesión, edad u orientación sexual— quizá se ha llegado a cuestionar si será la próxima víctima de feminicidio.[1]

Como se mencionó en el capítulo anterior, muchas de las jugadoras profesionales mexicanas sufren de violencia económica, que se respalda con el lema de que el futbol femenil no vende. Esta frase tan repetida en todo el mundo se utiliza para justificar una explotación laboral histórica en contra de las mujeres que refleja más un sentimiento y una declaración misógina que una realidad.

La desigualdad económica que viven las futbolistas no solo es violenta, sino que refuerza los patrones sexistas de México en cuanto a la división laboral del país. Desafortunadamente, esta no es la única agresión a la que están expuestas muchas de las futbolistas profesionales en México.

Este capítulo se centra en diferentes tipos de violencia que han experimentado futbolistas mexicanas o quienes juegan en la Liga MX. No obstante, también se resaltan los esfuerzos individuales y colectivos que han hecho que las jugadoras, entrenadoras, y demás mujeres vinculadas con el futbol, puedan existir libres de violencia. Es necesario (re)conocer y diseminar que, así como existen historias de violencia, discriminación, sexismo y misoginia, también las hay de resistencia, lucha y sororidad.

La normalización de la violencia en el futbol mexicano

El futbol en México es un microcosmos del país. En este se proyectan múltiples actitudes, divisiones de creencias y jerarquías entre las personas mexicanas. Por lo tanto, este, al igual que el país, también está colmado de historias violentas. La violencia en términos generales se refiere a las acciones, lenguajes, e inacciones que se utilizan para dominar o imponer poder. Como veremos en los ejemplos discutidos en este capítulo, la violencia a la que están expuestas las futbolistas difiere de la que experimentan usualmente los futbolistas varones. Es necesario, entonces, enfatizar que la violencia contra las mujeres, como lo define la Organización de las Naciones Unidas, se refiere a "todo acto de violencia basado en el género que tenga o pueda tener como resultado un daño o sufrimiento físico, sexual o mental para la mujer..." ("Preguntas frecuentes ..."). En este capítulo se ejemplifica cómo las futbolistas sufren violencia en persona o en redes sociales solo por el hecho de ser mujeres. Ahora bien, mucha afición de futbol está consciente que los futbolistas varones también reciben mensajes violentos en las canchas, en las redes sociales, e incluso pueden llegar a ser increpados físicamente dentro o fuera de los estadios.

Uno de los ejemplos más significativos ocurrió a principios de 2022, cuando los jugadores y directivos de Rayados de Monterrey fueron amenazados violentamente por sus propios fanáticos descontentos con la participación del equipo en el Mundial de Clubes. En este campeonato el equipo mexicano obtuvo el quinto lugar a pesar de tener una de las plantillas más costosas de Latinoamérica.[2] Los aficionados trataron de parar el autobús del equipo exigiendo que el entrenador, Javier Aguirre, se bajara a rendirles cuentas. Estos también dejaron afuera del hotel de los jugadores cuatro hieleras con imágenes de las cabezas de directivos y de Aguirre manchadas de rojo simulando sangre. Otras actitudes violentas han ocurrido con aficionados de Cruz Azul y Chivas, entre otros equipos, cuando sus fanáticos han encarado a los jugadores al salir de sus entrenamientos o de sus partidos. Este tipo de actitud ha sido normalizada por un sector de la prensa deportiva y por algunos aficionados. Ciertos fanáticos creen que, por ser consumidores del futbol como un producto, pueden recriminar a los jugadores de sus equipos cuando fracasan, sin importar que estos descontentos se hayan convertido en amenazas sumamente violentas. Estas son, para muchos, situaciones normales dentro del futbol. Los cánticos discriminatorios, racistas y homofóbicos también son considerados por muchos como parte del "color" y del folclore de este deporte. Un gran sector del imaginario colectivo mexicano relaciona estas actitudes con un componente esencial del futbol, como si los insultos en forma de canciones y amenazas violentas en persona o en plataformas electrónicas fueran parte intrínseca y necesaria de este deporte.

En general, las personas que siguen el futbol femenil intentan evitar que este "folclore" llegue también a la liga femenil, en este caso específico a la Liga MX Femenil. Si bien es cierto que esta liga exige a gritos y a base de espectáculo que se le reconozca, la gran mayoría de la afición insiste, a través de redes sociales e incluso por medio de su comportamiento en las canchas, que el futbol femenil no tiene por qué convertirse en una réplica del varonil. Es decir, se insta a la igualdad y equidad de recursos y de seguimiento, pero sin seguir los mismos patrones sexistas, homofóbicos y violentos que se consideran "parte del futbol" y que en realidad no son inherentes a ningún deporte. Frecuentemente podemos observar en el futbol varonil la misoginia de aficionados y medios de comunicación que utilizan términos sexistas y homofóbicos para insultar a los futbolistas cuando no tienen el rendimiento deportivo deseado, por ejemplo. Este comportamiento misógino y discriminatorio es el que se intenta erradicar del futbol varonil y el que no se desea reproducir en el futbol femenil mexicano. Como explica la académica Marcela Lagarde, anteriormente, se pensaba en la igualdad de las mujeres como igualarse a los hombres, mientras que ahora "nos proponemos la igualdad como una relación entre y no como una igualación con" (Lagarde 2001). En este caso no se trata de recibir el mismo trato que los futbolistas varones en donde se normaliza que el rendimiento profesional sea castigado a través de comportamientos discriminatorios y violentos.

Ahora bien, a diferencia de lo que experimentan las futbolistas mexicanas, las amenazas e insultos que reciben los futbolistas, por lo general, no conllevan connotaciones sexuales, por lo menos no hacia ellos, aunque sí se han reportado casos de amenazas contra sus parejas sentimentales. En noviembre de 2021, Karla Mora y Mara Adriana Madero, esposas de los jugadores Guillermo Ochoa y Luis Alfonso "Chaka" Rodríguez, respectivamente, recibieron amenazas en redes sociales después de que sus parejas perdieran un partido clasificatorio al Mundial de Qatar frente a Estados Unidos. El mensaje para Mora contenía lo siguiente: "Dile a tu pendejo [Ochoa] que ya no juegue en la selección, si no toca matarte y violarlos a ti y a tu familia" (Vidal 2021). Chaka Rodríguez, por su parte, publicó el mensaje que le habían mandado tanto a su esposa como a él: "Puto tronco de mierda, ya aléjate de la selección, si no va tocar [sic] y violar a tu puta madre, a tu esposa y a tus hijos. Ahí luego te los mando en bolsas negras" (Vidal 2021).

Ambos ejemplos muestran cómo son las mujeres, parejas de los futbolistas, quienes se ven intimadas con amenazas de violación y asesinato. Como lo explican Rosa-Linda Fregoso y Cynthia Bejarano en el libro *Terrorizing Women: Feminicide in the Américas* (2010) generalmente, cuando los hombres son asesinados no están expuestos al mismo tipo de violencia que las mujeres:

> A diferencia de la mayoría de los casos de asesinatos de mujeres, los hombres no son asesinados por ser hombres o como resultado de su vulnerabilidad como miembros de un género subordinado; los hombres tampoco son sometidos a formas de degradación y violación específicas de su género, como la violación y la tortura sexual, antes de su asesinato. (7)[3]

La violencia feminicida es una herramienta utilizada para ejercer y evidenciar poder entre hombres, como queda evidenciado en las amenazas que recibieron los seleccionados mexicanos. Todavía así puede haber quien se mantenga indiferente a mensajes como los anteriores, o a los que reciben las futbolistas mexicanas, pensando que se trata de amenazas sin fundamentos, palabras que surgen detrás de una computadora, como si las redes sociales fueran un universo paralelo sin intenciones y sin consecuencias y como si en México no se registrara un promedio de 78 feminicidios al mes (Nochebuena 2022).[4]

Ser mujer y futbolista en un país feminicida

En México, y de acuerdo con lo establecido en el Código Penal Federal de dicho país, una persona que comete un feminicidio es aquella quien priva de la vida a una mujer por razones de género ("Código Penal" 2023). Activistas, feministas, políticas, y académicas se han dado a la tarea de teorizar este término dentro de la teoría política feminista y la teoría de la violencia de género, llevarlo a las conversaciones sociales, e introducirlo al código penal. Si bien, algunas personas pueden pensar en este término como uno reciente —de los últimos 15 años— Fregoso y Bejarano (2010) explican que la primera documentación del concepto "feminicidio" se dio en la República Dominicana en los años ochenta (5). En 1992 las feministas estadounidenses Jill Radford y Diana Russell calificaron los homicidios contra mujeres y niñas como parte de la violencia de género y dentro de la teoría del *femicide*.[5] Posteriormente, la ya mencionada Marcela Lagarde[6] tradujo el término *femicide* y lo introdujo como *feminicidio*. La misma Lagarde explica que cambió la palabra "para que no fuera a confundirse en castellano como *femicidio* u homicidio femenino. . ." (Lagarde 2006, 221). Esto resulta importante, ya que al pensarse como si fuera un homicidio en términos femeninos se suele dejar a un lado la cuestión de la violencia contra las mujeres exclusivamente por ser mujeres, es decir, sin la perspectiva de género. Fregoso y Bejarano (2010) también explican que adaptar el término *femicide*, proveniente del feminismo norteamericano, y modificarlo como *feminicidio* les permite a las feministas latinoamericanas resaltar las especificidades de sus historias locales (5).

Desafortunadamente, es necesario hablar de la violencia feminicida, ya que las amenazas de muerte que reciben las mujeres mexicanas relacionadas con el futbol, o las parejas sentimentales de los futbolistas varones, cobran más significado cuando se tiene en cuenta la misoginia y la violencia de género que persiste en el país. En enero de 2022, la periodista Minelli Atayde publicó un artículo titulado "FC Juárez Femenil, así se es futbolista en una ciudad feminicida". En este se narran breves testimonios de dos jugadoras, Selena Carolina Castillo y Jessica Vázquez y sus experiencias viviendo en esta ciudad fronteriza. Ambas eran futbolistas del equipo FC Juárez Femenil en ese entonces. En su testimonio, Castillo, quien es originaria de Ciudad Juárez, narra haber crecido escuchando historias de los asesinatos en su ciudad y comenta: "que es algo difícil, te da miedo, incertidumbre. Yo tengo a mi mamá, a mis primas, mis tías, la verdad era muy complicado, porque siempre piensas en que algo les puede pasar" (citado en Atayde 2022). Castillo agrega que ante esta incertidumbre entre sus compañeras se cuidan. Esta frase es significativa, puesto que como se ha manifestado en protestas, *performances* y demostraciones feministas, debido a la falta de apoyo por parte de las autoridades "la policía no me cuida, me cuidan mis amigas".[7]

Ahora bien, para muchas personas hablar de feminicidio en México es hacer referencia a Ciudad Juárez. Existen diferentes conjeturas que intentan explicar la violencia feminicida en esta ciudad fronteriza. Los análisis académicos y de investigación resaltan cuestiones que van desde el crimen organizado, la desestabilización de los roles de trabajo, la ingobernabilidad del país y el neoliberalismo que se acrecienta en una ciudad que colinda con los Estados Unidos. Viéndolo desde una perspectiva feminista, las muertes que en su mayoría presentan indicios de violencia extrema simbolizan que las mujeres tienen un valor humano inferior y que son vistas como mercancías sexualizadas y fetichizadas (Monárrez Fragoso 2010, 59). En la violencia feminicida la mujer es vista y tratada como un objeto que se deshumaniza no solo con su muerte, sino con la violencia con la que además se le priva de su dignidad. En 2003 un comité de las Naciones Unidas investigó las desapariciones y asesinatos en Ciudad Juárez y concluyó que estos tienen que verse como el resultado de una situación de violencia social estructural (Olivera 2010, 51). La misma Lagarde mencionaba ya desde el 2006, que el feminicidio era una crisis nacional, ya que "ahora sabemos que hay sitios en donde el tema. . . está en aumento y además con una gravedad inaceptable" (Lagarde 2006, 217). La violencia feminicida es realmente una crisis nacional, y mundial, que no debería dejar de sorprendernos, aunque estamos constantemente expuestas y expuestos a noticias relacionadas.

La jugadora Selena Carolina Castillo, y la directiva del equipo FC Juárez, ve en el futbol la posibilidad de cambiar la narrativa que se ha impuesto de la ciudad desde afuera y establece que a ella "[l]e gustaría ser parte de este cambio, de cambiar la imagen de la mujer en Juárez" (citado en Atayde 2022). Sin duda alguna, la postura de Castillo refleja lo que muchas mujeres en esta ciudad han expresado y demostrado por décadas. Recordemos que en Ciudad Juárez se ha generado una constante lucha y resistencia feminista. Como se muestra en la imagen 1, en esta ciudad se ha utilizado el futbol y los espacios relacionado a este para denunciar la violencia feminicida en la ciudad y en el país. La institución F.C. Juárez es la única del país que cuenta con una mujer como dueña, Alejandra de la Vega, además de haber tenido una entrenadora en el año futbolístico 2022–2023, Milagros Martínez, quien llevó a las Bravas a su primera liguilla en el Torneo Clausura 2023.[8]

Ahora bien, uno de los casos de feminicidio que ha recibido más cobertura mediática, debido a que sigue evidenciando la impunidad que impera en México, es el de Debanhi Escobar. El 22 de abril de 2022 se encontró el cuerpo de Debanhi, adolescente de 18 años que había desaparecido 13 días antes en Nuevo León. Su feminicidio continúa impune como la mayoría que se han cometido en el país. Con respecto a esta tragedia la jugadora histórica de Rayadas del Monterrey, Desirée Monsiváis,[9] escribió en sus redes sociales: "Con todo

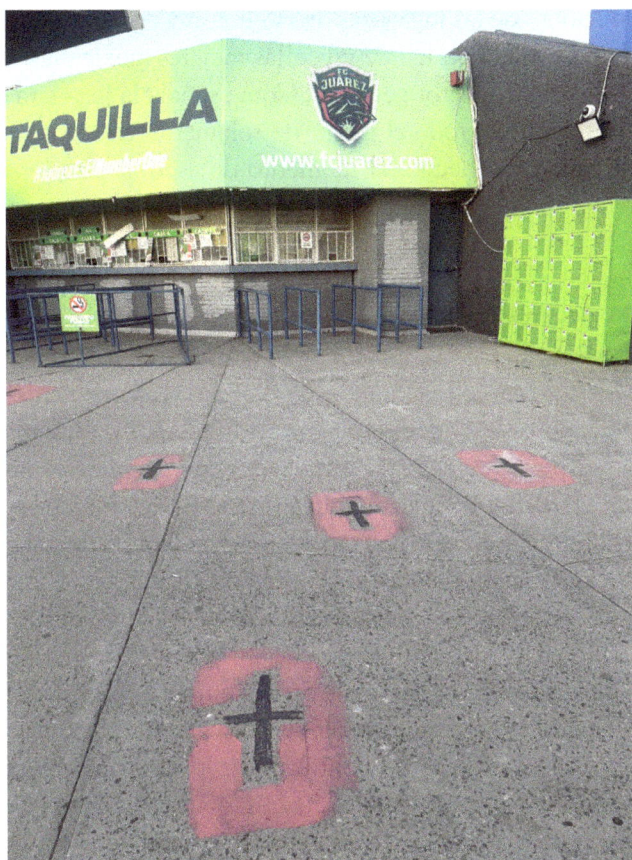

Imagen 1. Las familias de las víctimas de feminicidio pintan y fabrican cruces rosas y negras a manera de protesta en Ciudad Juárez, práctica que se inició desde los años noventa. En mayo de 2022, la Universidad Autónoma de Ciudad Juárez recibió a nueve mil atletas que compitieron en un proceso rumbo a los Juegos Mundiales Universitarios 2022. Esta imagen es del exterior del Estadio Olímpico Benito Juárez donde juegan los equipos de FC Juárez y donde se realizó esta competencia. Las cruces fueron pintadas unos días antes de que iniciara el evento a manera de protesta contra la impunidad y falta de justicia. Otras frases que aparecieron por el estadio fueron ¡Ni una más! y ¡Estado Feminicida! Fotografía de la autora.

el respeto a la familia Debanhi. . . qué miedo vivir en un país tan inseguro para nosotras las mujeres con incompetencia de 'autoridades'. . . cuídate y cuidemos de todos y todas. En Paz Descansen todas aquellas mujeres agredidas y asesinadas" (@DesMonsiváis 2022). Además de su mensaje, Monsiváis compartió una imagen de Debanhi con un escrito titulado "Acompáñala siempre".

Las declaraciones de las jugadoras de FC Juárez y de Monterrey evidencian el miedo y la frustración con la que viven las mujeres mexicanas, sin importar su profesión o algún otro factor personal. Como señala la jugadora de Rayadas, el miedo está presente en todo el país y no solamente en ciudades fronterizas como Ciudad Juárez. De hecho, al momento de escribir esto los estados con más feminicidios son el estado de México, Nuevo León y Veracruz (Noche-buena 2022). Como se mencionó anteriormente, la violencia feminicida es una crisis global de la que puede ser víctima cualquier mujer.[10] En 2018 el futbol mexicano femenil vivió uno de sus capítulos más trágicos con el feminicidio de Marbella Ibarra, una de las precursoras y máximas promotoras del futbol femenil en México. Marbella era abogada de profesión, pero en el círculo del balompié mexicano se le conocía por sus esfuerzos por profesionalizar el fut-bol femenil y por proporcionar oportunidades a jóvenes mexicanas. Ibarra fue secuestrada en el 2018 y un mes después su cuerpo fue encontrado sin vida, torturado y abandonado. "Mar Ibarra fue una revolucionaria del futbol feme-nil" (Hernández 2019), puesto que fundó el equipo Isamar FC y fue la directora deportiva de Xolas de Tijuana antes incluso de que se formalizara la Liga MX Femenil (Cerrillo 2020), en el 2014 específicamente.

Además de que su feminicidio continúa impune, la periodista Shelma Cerrillo explica que la procuraduría clasificó su muerte como homicidio cali-ficado, ya que Baja California no contaba con los esquemas necesarios para investigar el delito como feminicidio. Diferentes periodistas y medios de comu-nicación que se enfocan en deportes femeninos, como Diosas Olímpicas, resal-taron la falta de pronunciamiento por parte de la Liga MX Femenil cuando ocurrió el feminicidio de alguien que será siempre un referente en la búsqueda de igualdad en el futbol mexicano.

Calladitas se ven más bonitas

La violencia contra las mujeres puede culminar en un feminicidio, pero abarca también la violencia económica, física, psicológica y emocional. Un gran número de futbolistas profesionales, y otras mujeres vinculadas con el futbol en México, han sufrido agresiones en Internet, específicamente a través de las redes sociales. La violencia digital refleja la normalización de la violencia de género desde el discurso. De igual modo las redes sociales son uno de los espa-cios más utilizados para amenazar, acosar y cosificar sexualmente a estas muje-res. En general, "Internet ha introducido una nueva dimensión de la violencia contra las mujeres, al facilitar nuevos mecanismos de control que estrechan la esfera de la intimidad y facilitan el acoso" (Aránguez Sánchez 2021, 381). Queda claro que las redes sociales han revolucionado la manera en que las personas interactúan entre ellas. Para la afición futbolística, plataformas como Facebook, Instagram, Twitter y TikTok se han convertido en un espacio que permite conocer e interactuar con ídolos deportivos más allá de las canchas. Es común ver a deportistas de cualquier género compartiendo momentos personales y profesionales con su afición en sus redes sociales.

Existe entre la afición y futbolistas una manera de relacionarse de manera distinta a la que ocurría anteriormente. Esto puede tener efectos positivos en algunas ocasiones, como en la manera en que las y los deportistas pueden inspirar a la afición. No obstante, esto también trae consigo nuevos riesgos. La violencia que se vive en los estadios y que algunos consideran parte fundamental de juego, como los insultos personales, se multiplican e intensifican a través del Internet. Algunas jugadoras mexicanas también han recibido críticas violentas por pasar tiempo en sus redes sociales. Su desempeño futbolístico no solo se juzga por lo que hacen en las canchas, sino por su interacción en línea, es decir, por el tiempo que pasan compartiendo fotografías, historias, y/o publicaciones y por no entrenar como deberían, según quienes las critican. Hay una doble moral en muchos de estos casos, puesto que mientras a Cristiano Ronaldo se le celebra ser la persona con más seguidores en Instagram en todo el mundo, a muchas jugadoras se les critica por tener una presencia activa en Internet.

Estas críticas no son lo único a lo que se enfrentan las jugadoras. Cada vez son más las futbolistas que hacen públicas las amenazas que reciben en sus redes sociales. Una de las jugadoras que más ha compartido estas experiencias es la exportera del equipo América, y ahora jugadora de Bravas de Ciudad Juárez, Renata Masciarelli. En julio de 2022, la jugadora pidió a sus seguidoras y seguidores que reportaran la cuenta de un usuario que la estaba amenazando de la siguiente manera:

> Solamente seré breve[.]Te veo y te aviento el coche hacia tu camioneta o espero afuera de los deptos y me vale madre si eres mujer [.] Te meto una madriza o mis amigos, ya les dije, le di una feria y aceptaron estarte vigilando porque crees andamos acá ya[.] Me vale pito q seas vieja me voy sobre ti y te desmadro a golpes … [.] Muchos huevitos????? Aora si … vas a verlo realidad[.] T me cuidas. Ah y otra cosa, conozco polis del sector, igual y te paran y te clavan driga o algo y vas a dar a la 50 y ni el ame te va sacar los paquetitos que tengas en el coche o en ti[.] Empieza el reloj ahorita. [sic] (@MasciarelliR 2022)

Uno de los comentarios más significativos de esta amenaza es la referencia a los "muchos huevitos". Este resalta el poder que se trata de ejercer sobre las mujeres. Es decir, Masciarelli es una de las jugadoras que más alza la voz en redes sociales para defender sus ideales y opiniones, y quien además ha llegado a contestar a sus detractores públicamente. La personalidad pública de Masciarelli no es la de una mujer sumisa que mantiene el silencio cuando se le encara. El usuario que amenazó a la futbolista ve esta "rebeldía" como algo masculino y por lo tanto le reclama tener "muchos huevitos". En otras palabras, defenderse y alzar la voz son acciones reservadas para los hombres. Masciarelli transgrede esto y su "castigo" es ser amenazada.

De igual manera, una de las intimidaciones que se incluyen en el mensaje anterior es el de desmadrar a golpes a la jugadora. En el habla mexicana, desmadrar significa destruir y hacer pedazos. Las mujeres están expuestas a este tipo de violencia constantemente, aunque esto no es algo contemporáneo. La feminista y antropóloga, Rita Laura Segato (2011), mantiene que en Amerindia existían sistemas patriarcales antes de la colonización occidental, pero que cuando esta ocurrió se dio una reconstrucción violenta de las relaciones de género (Domínguez-Ruvalcaba 2019, 65). Los cuerpos fueron violentados, explotados y utilizados como espacios de conquista. En tiempos contemporáneos se sigue tratando al cuerpo femenino como el territorio que se violenta con extrema crueldad hasta llegar a la muerte (Segato 2011, 2).

La mayoría de las respuestas en la publicación de Masciarelli eran muestras de apoyo. No obstante, algunos usuarios cuestionaban a la portera por "darle importancia" a la amenaza y por "engancharse en los comentarios" del usuario. Los casos que se mencionan más adelante nos muestran la importancia de evidenciar los nombres y perfiles de quienes amenazan y violentan a las mujeres en redes sociales. Por un lado, se hace como un intento de frenar estos comportamientos y salvaguardar la integridad física y emocional de quien está siendo acosada. Además, con la denuncia pública se crea también un registro de quienes están ejerciendo esa violencia, ya que generalmente lo hacen de manera constante. La futbolista Nailea Vidrio, quien antes jugaba para León y ahora lo hace para Pachuca, también ha compartido experiencias similares. Vidrio denunció en redes el acoso que recibió en el Estadio León, conocido como el Nou Camp, por un aficionado durante un encuentro del León varonil cuando ella se encontraba en las gradas. Después compartió que había sido amenazada de muerte aparentemente por el mismo hombre; la jugadora comentó en un video lo siguiente: "Qué triste que, por levantar la voz en mi país, acabe amenazada, sí el men que subí ahorita, bueno hace como dos minutos, me amenazó de muerte, borró los mensajes. Qué feo que por levantar la voz esté amenazada de muerte. México, me dueles" (Caña 2022).

Estas amenazas que se producen en Internet nos hacen preguntarnos cómo se puede regular la ciberviolencia en plataformas como Twitter cuando un usuario puede borrar su perfil y crear otro al instante y cuando estas redes sociales generalmente carecen de efectividad en sus procesos de seguridad. Recordemos que en el 2022 un exempleado de Twitter, quien había sido el jefe de ciberseguridad, testificó frente al senado de Estados Unidos y alegó que esta compañía tenía vulnerabilidades y una década de retraso en los estándares de seguridad que deben de seguir este tipo de industrias (Collier 2022). La anonimidad que hasta cierto punto ofrece el Internet revela de forma más evidente la violencia de género que prevalece en la cotidianidad. La ciberviolencia que experimentan las mujeres se acentúa cuando estas osan entrar a espacios concebidos como meramente masculinos. El futbol es claramente uno de estos. Como señalan las académicas Irene Bajo-Pérez y Begoña Gutiérrez San Miguel (2021), quienes han investigado las ciberviolencias machistas en Instagram, "no hay que olvidar en ningún caso que, el único factor real e importante que el sistema patriarcal y el machismo requieren para ejercer violencia hacia las mujeres tanto en la realidad offline como en la realidad online es, en efecto, ser mujer" (726).

Esto es exactamente lo que ocurre con futbolistas, directoras técnicas y árbitras, entre otras mujeres relacionadas con el futbol, quienes a diario experimentan ciberviolencia. Uno de los grupos de mujeres que parece ser más vulnerable a esta violencia es el de las periodistas deportivas. Según la ONG internacional, Reporteros Sin Fronteras, México ocupa el lugar 127 de 180 en la clasificación de mejor a peor situación de libertad de prensa.[11] En 2022 hubo 57 periodistas asesinados en el mundo. En México se registraron 11 asesinatos de periodistas en ese mismo año, lo que equivale al 20 por ciento de todos los periodistas asesinados en el mundo en el 2022 ("Informes: balance anual" 2022). Si bien es cierto que la violencia en contra de las y los periodistas tiene una estrecha relación con la violencia del crimen organizado y cárteles de droga en México, es innegable que esta profesión se ha convertido en una de las que más expone a sus miembros a situaciones de peligro. Mientras que la prensa deportiva no es generalmente considerada como parte de un grupo vulnerable, ser mujer y periodista implica estar constantemente expuesta a violencia y abusos en redes sociales. Una encuesta mundial realizada por el International Center for Journalist (ICFJ) con el apoyo de la Unesco reveló que en el 2020 el 73 por ciento de las periodistas encuestadas dijo haber experimentado violencia en Internet; es decir, esto les ocurrió a tres de cada cuatro periodistas que contestaron la encuesta ("The Chilling" 2023).

En la prensa deportiva de México hay un claro ejemplo de esto, se trata de la periodista feminista, Marion Reimers.[12] La periodista, quien antes narraba la Liga MX Femenil para FOX Sports México, ahora comenta partidos de la UEFA Champions League varonil y femenil para TNT Sports. En las redes sociales, particularmente en Twitter, Instagram y Facebook, abundan los comentarios misóginos y homofóbicos que atacan a la periodista. Más que representar una opinión fundamentada sobre el rendimiento profesional de Reimers, los insultos muestran la reacción heteropatriarcal hacia una mujer que ha irrumpido exitosamente en un espacio masculino. La preparación profesional de la periodista no se puede cuestionar: una maestría en periodismo, más de quince años trabajando en medios deportivos, columnas periodísticas, reconocimientos internacionales, entre otras muchas distinciones. No obstante, es fácil entrar a alguno de sus perfiles de redes sociales y leer insultos de hombres que en general le piden una cosa, callarse.

Es cierto que los periodistas deportivos constantemente reciben críticas debido a sus comentarios o narraciones, particularmente cuando trabajan para la televisora "rival" de algunos de los fanáticos.[13] Sin embargo, como bien lo apunta la misma Reimers, los comentarios que ella recibe son directamente un reflejo de la misoginia y la homofobia[14] que impera en la sociedad mexicana. La periodista ha recibido acoso cibernético desde hace casi una década, cuando en 2015 le mandaron la primera amenaza de violación (@LaReimers 2023, "Las mujeres"). No es casualidad que la mayoría de los comentarios en contra de esta periodista sean sobre silenciarla. El "calladita te ves más bonita" que constantemente hemos escuchado las mujeres en contextos sociales y personales —ya sea implícita o explícitamente— rige la crítica de muchos de los detractores de Marion Reimers y de muchas otras periodistas, futbolistas y otras mujeres relacionadas con el futbol. Todavía cuando estas alzan la voz para denunciar la violencia que sufren, son amedrentadas con la intención de silenciarlas. Como señala la académica Laura Redondo Gutiérrez, en el acervo cultural mundial hay una gran cantidad de ejemplos de mujeres que sufrieron de violencia sexual y a quienes además trataron de silenciar y revictimizar. Un ejemplo es Lavinia, personaje de la obra de Shakespeare *Titus Andronicus*, a quien le cortan la lengua para que no testificara después de haber sido violentada (Redondo Gutiérrez 2021, 664). En Latinoamérica crecimos recitando en clases de literatura el verso de Pablo Neruda "me gustas cuando callas porque estás como ausente" y viéndolo como una declaración de amor que asocia y normaliza el silencio femenino como una cualidad romántica.

No obstante, como explica la académica y feminista chicana, Gloria Anzaldúa (2007), cuando una mujer contesta y "habla de más", específicamente en la cultura mexicana, se trata de reprimir su voz: las "[m]uchachitas bien criadas, well-bred girls don't answer back" (76). Esta censura también ocurre con relación a las narradoras y comentaristas de futbol. Si bien la cantidad de mujeres que presentan programas deportivos, e incluso reportan desde las canchas de futbol durante los partidos, ha incrementado, las analistas y narradoras no abundan. Es decir, una periodista que contesta y que lanza preguntas polémicas —algo que constantemente hacen los periodistas o conductores deportivos en sus programas— no va de la mano con la imagen sumisa y ornamental que para muchos debería de caracterizar a las periodistas deportivas. En este sentido, las mujeres periodistas siguen siendo vistas como un elemento decorativo en los programas deportivos, algo común en los espacios públicos en donde a las mujeres se les niega "el derecho a la palabra, al pensamiento y libertad de expresión, considerándolas continuamente un adyacente al hombre" (Bajo-Pérez y Gutiérrez San Miguel 711).

"How to Tame a Wild Tongue?"

Los ataques contra Marion Reimers van más allá de comentarios aislados en redes sociales; de hecho, estos han incrementado en su sofisticación. En diciembre de 2022 se dio a conocer a través de un artículo en el periódico *El País* que el analista de redes sociales, Alberto Escorcia "descubrió que tan solo en dos meses —del 4 de septiembre al 4 de noviembre de este año— la cuenta de Twitter de Marion, @LaReimers, recibió una estimación de 53.099 respuestas a sus tuits, de los cuales 2.666 se trataba de bots[15] agrediéndola" (Amezcua 2022). El uso de bots en Twitter puede tener grandes beneficios como se ha observado en catástrofes naturales en donde cuentas operadas a través de bots informan y alertan a la gente. Sin embargo, diferentes estudios han mostrado cómo estos mismos han llegado a difundir información errónea que puede llegar a alterar o influenciar la opinión de la gente.[16] En el caso específico de Reimers, los bots han reproducido publicaciones negativas contra la periodista. Esto sin mencionar que, de acuerdo con Amezcua, en estos ataques a través del Internet se invirtieron entre 350 000 y 950 000 pesos. Esto nos muestra que el resentimiento hacia la periodista es mucho más que un ataque personal; simboliza una forma de advertencia y castigo para las mujeres que como ella irrumpen en los espacios que no les corresponden.

A pesar de su experiencia y preparación —además de contar con un gran número de seguidoras y seguidores— Marion Reimers ha confesado que la ciberviolencia ha hecho que dude de sus cualidades profesionales (Abé et al. 2023). Este tipo de subestimación se puede llegar a internalizar haciendo que las mujeres cuestionen sus propios méritos y cualidades. Las consecuencias de las ciberviolencias, van desde el daño psicológico, el aislamiento social, pérdidas económicas, limitación de la movilidad y la autocensura. (Bajo-Pérez y Gutiérrez San Miguel 2021, 715). La misma Reimers compartió durante la conmemoración oficial de la ONU, en el marco del 8 de marzo de 2023, que ha tenido que recibir terapia para cuidar su salud mental ante estos ataques, reconociendo también el privilegio con el que ella cuenta para poder recibir este tipo de apoyo (ONU Mujeres 2023).

Reimers recuerda constantemente el privilegio que tiene de poder habitar un espacio tan vigilado y restringido para la mujer como lo es el futbol. Hablar del privilegio es importante, puesto que las mujeres que continúan alzando la voz dentro del futbol mexicano amplifican aquellas que no son escuchadas.[17] Esto también nos lleva a mencionar que además de la represión que sufren las mujeres en redes sociales, estadísticamente ellas son las más afectadas mundialmente por la brecha digital (Olariu 2021, 24), lo que añade otra capa de aislamiento y exclusión. Asimismo, la ciberviolencia que intenta silenciar a las mujeres, en este caso específico a las que se relacionan con el futbol, nos recuerda la premisa que realiza Anzaldúa en uno de los libros más importantes para el pensamiento feminista chicano *Borderlands: La Frontera. The New Mestiza* publicado originalmente en 1987.

En uno de sus capítulos, Anzaldúa pregunta cómo se puede domar una lengua salvaje. Es decir, la autora teoriza sobre el silencio y la violencia a través de la metáfora de una lengua salvaje y desde sus experiencias vividas como una mujer de color *queer* en una sociedad que cultural y estructuralmente intenta reprimir a las mujeres. Su respuesta nos dice que las lenguas salvajes no se pueden domesticar, solo se pueden cortar (Anzaldúa 2007, 76). Ante la imposibilidad de silenciar a mujeres, la sociedad heteropatriarcal ejerce sistemas de opresión para simbólicamente cortar las lenguas de quienes se atreven a seguir hablando y contestando. En muchas otras ocasiones, y como se ha señalado en este capítulo, los mecanismos pasan de lo simbólico a lo real. Ante esto, las periodistas deportivas en México siguen resistiendo, luchando y exigiendo el derecho a ejercer su profesión sin ser violentadas.

A pesar de que el Internet se ha vuelto un sector peligroso para ellas, también es cierto que ofrece espacios individuales y colectivos que no están suscritos a medios de comunicaciones normativos y por lo tanto no son sometidos al mismo control que un medio de comunicación tradicional. Esto es sumamente importante, ya que a través de estos nuevos espacios se puede desarrollar y compartir pensamientos más críticos y autónomos. Con más frecuencia vemos cómo se crean nuevas cuentas donde se analiza el futbol femenil mexicano, o aspectos sociales de este, desde una perspectiva de género. La afición además tiene diferentes maneras de interactuar con estos temas, ya sea a través de videos, pódcast, textos escritos e incluso infográficos.

Mujeres y futbolistas profesionales reducidas a objetos sexuales

Las mujeres involucradas públicamente en el futbol suelen ser cosificadas dentro y fuera de las canchas. La cosificación se puede resumir como la deshumanización que experimenta una persona cuando se la reduce a un objeto en referencia a partes de su cuerpo con la intención de sexualizarlas. No hace mucho era común ver programas de televisión en donde las conductoras fungían meramente como objetos para la mirada masculina (*the male gaze*). Con este término hago referencia a la cineasta feminista, Laura Mulvey (1975). Su concepto de la mirada masculina examina la manera en que las mujeres son representadas a través de la cosificación con la intención de satisfacer los deseos sexuales de los espectadores masculinos heterosexuales. Aunque Mulvey se refería específicamente al cine, se puede realizar este mismo análisis con la televisión deportiva. Uno de los ejemplos más representativos de estos es el caso de las mujeres conocidas como las "senadoras" del programa *República Deportiva*.

Este programa de la cadena de televisión estadounidense, Univisión, estuvo al aire desde finales de los noventa hasta principios de 2024. Por mucho tiempo, una de las características más populares del programa era el de las senadoras, un grupo de mujeres, a veces conformado por dos o tres de ellas, que aparecían en diferentes segmentos del programa. En uno de estos segmentos las senadoras leían en vivo mensajes de sus fanáticos. Cientos de videos de este segmento viven ahora en YouTube. Uno de estos que aparece en la página oficial de Univision se titula "Ardientes mensajes para las Senadoras". Este video muestra cómo las mujeres leen los correos electrónicos que les han llegado mientras suena en el fondo una canción "sensual". Uno de los mensajes que leen dice: "estoy loco por ti. Te quiero comer a besos", y además le pide a una de las mujeres que se dé una "vueltecita". La cámara entonces se aleja para mostrar una toma completa del cuerpo de las senadoras. Mientras ellas leen, algunos hombres en el set de televisión gritan cosas como "mamacita", "buenísimas", e incluso hay un momento en el que aúllan como lobos ("Ardientes mensajes" 2010).

Se podría decir que estas actitudes sexistas hacia conductoras ocurren cada vez menos en los programas deportivos. No obstante, esta cosificación ahora se produce con más frecuencia con las futbolistas a través de redes sociales. Así como las jugadoras son acosadas con mensajes personales, también son utilizadas para "adornar" páginas en cuentas que son creadas exclusivamente para cosificarlas. Usuarias y usuarios de redes sociales constantemente realizan campañas para que las plataformas como Twitter e Instagram bloqueen a los usuarios que utilizan imágenes de las jugadoras en entrenamientos, partidos, y de sus cuentas personales para exhibir sus cuerpos. En 2020, la entonces jugadora del América Femenil, Jennifer Muñoz, compartió una publicación del diario deportivo *Cancha*. En la sección de SPF (solo para fans) se publicó una página repleta únicamente con fotos de Muñoz, la mayoría en traje de baño. La página se titulaba "Una Sensual Águila". En su publicación Muñoz escribió: "Yo no soy una águila 'sensual', soy una águila con una INCREÍBLE fortaleza. Una águila que juega por estos colores y el club más grande de México. . . Soy MUCHO MÁS que esto" [*sic*] (@jenmunozz 2020). Como este hay muchos otros ejemplos en donde las jugadoras son reducidas a objetos sexuales y de consumo. De hecho, las deportistas más buscadas en Internet son las más atractivas (Adá-Lameiras et al. 2021, 266), entendiendo como atractivas la visión hegemónica de la belleza femenina, y no las que tienen un mejor desempeño deportivo.

Otra de las futbolistas que ha alzado la voz públicamente al respecto de este tema es Deneva Cagigas, la exfutbolista con más partidos portando la camiseta de Pumas femenil y desde 2023 comentarista de la Liga MX Femenil para la televisión. En su cuenta de Twitter publicó varios videos en los que evidenciaba cómo un usuario le mandaba constantemente imágenes sexuales. Asimismo, la futbolista incluyó unos videos cortos en donde ella misma explicaba la situación:

> Hablo por mí y por mis colegas. Se les hace chistoso mandarnos fotos o videos o usarnos como un símbolo sexual y no está bien. Antes de ser futbolistas somos humanas y somos mujeres, merecemos respeto. Me gustaría que nos escucharan para que esta situación pare. Esto tiene que parar. (@deneva_cagigas 2021)

Jesús Ramírez, director deportivo del Club Universidad, expresó públicamente su apoyo a la jugadora y al equipo femenil. En un comunicado explicó: "Es triste que haya gente que haga este tipo de cosas. Obviamente Deneva está apoyada por el club, hará una denuncia a la fiscalía, el club la acompañará en todo momento porque me parece penoso que gente que no tiene una identidad y lo hace a través de una red social, es reprobable" (Chesini 2021).

Abundan las cuentas en redes sociales que promueven el acoso sexual, por ejemplo, la cuenta "Car López" en Twitter que en su perfil se describe como "Fotos de las jugadoras más hermosas". En dicha página se comparten fotografías de las futbolistas acompañadas de comentarios denigrantes. Al momento de escribir estas páginas la cuenta contaba con 6043 seguidores. Esto es importante mencionar ya que estos más de seis mil usuarios son parte de una comunidad que violenta a estas mujeres al compartir y comentar imágenes que exhiben sus cuerpos sin su consentimiento. Una de las jugadoras que aparecen en las cuantiosas publicaciones de esta cuenta es Tatiana Flores, futbolista mexicana que jugó para el Chelsea femenil de Inglaterra, el Atlético de Madrid de España y ahora en Tigres Femenil. Cabe mencionar que una de las primeras publicaciones obscenas sobre Flores se produjo el 10 de marzo de 2022, cuando la jugadora tenía 16 años. Esta publicación en específico contiene dos fotografías de la jugadora usando el uniforme de Chelsea y un comentario sobre la eyaculación del usuario (@Denelinalpz88 2022). Este ejemplo evidencia también uno de los factores sociales más preocupantes de México. En los últimos años el país ocupó los primeros lugares "en difusión de pornografía infantil y en el mundo se ha convertido en el negocio ilícito con mayores ganancias, por arriba del tráfico de drogas y de armas. . ." (Senado de la República).

Los cientos de "me gusta" y comentarios obscenos de esta publicación, que en su mayoría pertenecen a cuentas operadas aparentemente por hombres, son tan responsables de esta violencia contra las futbolistas como el usuario que sube el contenido. Aunque no se puede tener plena certeza de que las cuentas sean operadas por hombres debido a la facilidad que presentan estas redes sociales para crear perfiles falsos, sí existe certidumbre en cuanto a quién generalmente ejerce violencia en Internet, ya que como explican Irene Bajo-Pérez y Begoña Gutiérrez San Miguel (2021): ". . . al igual que en los espacios offline, la violencia online también sigue cometiéndose en la gran mayoría de ocasiones por hombres" (714). Las académicas basan esta afirmación en información de la ONU. En el 2015 se reveló que "el 95 % de las conductas agresivas, el acoso, el lenguaje insultante y las imágenes denigrantes que tienen lugar en el ciberespacio, están dirigidas hacia mujeres y ejecutadas por hombres" (714).

Mientras se escriben estas páginas, mujeres como las que se mencionan anteriormente y muchas otras, viven con el desconcierto de no saber si su integridad física y/o emocional pueden ser salvaguardadas. Aunque algunos clubes tratan de ofrecer seguridad privada a sus jugadoras eso no garantiza la seguridad emocional de estas. De igual modo, este tipo de métodos realmente son reacciones que se generan cuando ya ha ocurrido un evento violento y no acciones de prevención que además no cuestionan ni deconstruyen las estructuras hegemónicas que protegen a individuos en línea y *offline*.

¿Profesionales del micrófono?

Las jugadoras no solo están expuestas a ser cosificadas por cuentas anónimas en redes sociales que no enfrentan ninguna repercusión por sus publicaciones. Los medios de comunicación han contribuido a que se continúe tratando a las futbolistas como objetos sexuales o de manera violenta. En octubre de 2021 y en plena transmisión del partido de Rayadas de Monterrey frente a Necaxa femenil el reportero de TUDN,[18] Diego Armando Medina, dijo que Ailyn Avilez, jugadora entonces de Rayadas y ahora de América, era "cancha reglamentaria" (Neria Cano), pues había cumplido ya los dieciocho años. Esta frase es, en México, una clara sexualización de una futbolista profesional en un canal deportivo. Medina recibió críticas en redes sociales, pero no se hizo pública alguna sanción. El reportero continúa trabajando y colaborando en transmisiones de partidos varoniles y femeniles. En su perfil oficial de Twitter describe que tiene "el mejor trabajo del mundo", uno en el que no hay consecuencias significativas para quienes violentan a las futbolistas en público.[19]

Unos días después de las palabras de Medina, en una serie de publicaciones en su cuenta oficial de Twitter, la periodista deportiva Georgina González Toussaint, quien trabaja para la misma empresa, se pronunció ante la falta de perspectiva de género en el periodismo mexicano y escribió: "Así como se nos pide licencia de locución, o el conocimiento del tema deportivo, debería exigirse la aprobación de un curso de lenguaje y perspectiva de género, no dejaré de señalarlo, pero el cambio cultural está en cada uno de los 'machos' y su entorno protegido" (@Geo_Gonzalez 2021). Es importante mencionar que esta periodista es una de las personas que más promueve la equidad dentro del deporte mexicano y quien constantemente usa su micrófono para señalar situaciones sexistas y homofóbicas que ocurren tanto en el futbol como en otros deportes. La labor de mujeres como "Geo" González valida la lucha de periodistas que han tenido que sortear sexismo y misoginia en el periodismo deportivo mexicano. Al mismo tiempo, el periodismo con perspectiva de género que emplea González genera más espacios y herramientas para que otras mujeres puedan rebatir la violencia normalizada a la que se enfrentan. Pues como bien explica

Lagarde: "Las mujeres queremos formas de poder que nos permitan desarticular los poderes enajenantes, destructivos y opresivos que están vigentes en nuestras sociedades" (2001).

Es evidente que falta todavía mucha preparación por parte de periodistas y/o conductores en cuestiones de género. Constantemente siguen apareciendo casos de indudable sexismo en la televisión deportiva mexicana. Un ejemplo de esto ocurrió en marzo de 2023 en la cadena deportiva ESPN. En el panel de comentaristas de un programa se encontraba el exfutbolista Rafael Puente. Mientras la reportera Adriana Maldonado repasaba las estadísticas negativas del exentrenador de Pumas e hijo de Puente, este llamó "estúpida" a su colega. Al parecer, Puente no se dio cuenta de que su micrófono estaba abierto y los televidentes pudieron escuchar en vivo el insulto. Queda preguntarnos si el exfutbolista y ahora comentarista habría llamado así a un reportero hombre que señalara las estadísticas de su hijo.

Violencia dentro y fuera del vestuario

La violencia que viven las futbolistas ocurre en todos los ámbitos y, desafortunadamente, es ejercida por todo tipo de personas, incluso por los mismos responsables de mantener su integridad, como lo son sus entrenadores. La institución del Club América es una de las más importantes en el futbol mexicano, esto debido a su historia como uno de los equipos más antiguos y ganadores del país, así como por ser uno de los más poderosos económicamente. Cuando la Liga MX Femenil dio inicio, los directivos americanistas eligieron a Leonardo Cuéllar como el primer entrenador del equipo femenil. Cuéllar obtuvo un campeonato con el equipo, pero no logró mantener una continuidad en cuestión de títulos. El equipo decidió reemplazarlo en junio de 2021 con otro entrenador, el inglés Craig Harrington. La decisión de contratar a este director técnico no pasó desapercibida causando polémica entre aficionadas. Esto debido a que Harrington había sido separado del equipo femenil, Utah Royals FC, equipo de Liga Nacional de Futbol Femenino (NWSL por sus siglas en inglés) de Estados Unidos en noviembre de 2020. Aunque en ese momento no se dio a conocer una versión oficial, los medios de comunicación estadounidenses hablaban entonces de presuntos abusos verbales por parte de Craig hacia sus jugadoras (Vejar 2020).

Menos de un año después de esas acusaciones el equipo mexicano lo anunciaba como entrenador, el segundo entrenador extranjero en dirigir en la liga femenil.[20] Harrington no permaneció mucho tiempo en este puesto. Además de los resultados adversos —de los 36 partidos que disputó como entrenador del América, el equipo solo ganó 18 encuentros— Harrington recibió críticas por su comportamiento en las canchas. Uno de los acontecimientos que más se recuerdan del director técnico ocurrió en un partido en el que su equipo enfrentó a las Rayadas de Monterrey. Después del encuentro, la entrenadora de Monterrey, Eva Espejo,[21] acusó a su colega de haber insultado a sus jugadoras. En la rueda de prensa mencionó: "Pocas veces salgo a hablar de una situación que sucede en la cancha y hoy mi compañero entrenador cometió unas faltas. El entrenador del equipo contrario le faltó al respeto a mis jugadoras, nunca voy a permitir que se le ofenda a nadie bajo ninguna circunstancia" ("Eva Espejo" 2022). Según la periodista Beatriz Pereyra, Harrington le habría gritado a Aylín Avilez, jugadora de Rayadas en ese entonces, "pussy girl" (@ beatrizapereyra 2022).

En octubre de 2022, un reporte investigativo realizado por la NWSL y su sindicato de jugadoras informó que en dicha liga existieron abusos sistémicos y mala conducta por parte de directivos y entrenadores. Unos meses después se publicó más información en la que se revelaba que jugadoras de la NWSL habían acusado a Harrington de conductas y comentarios inapropiados además de acoso sexual. La investigación detallaba comentarios del entrenador como el siguiente: "Una jugadora recordó que Harrington había dicho, en múltiples ocasiones frente a las jugadoras, 'Necesito tener sexo con alguien esta noche que no sea mi esposa'" (Vejar 2022).[22] Las acciones de Harrington en Estados Unidos causaron que el entrenador fuera vetado de cualquier actividad relacionada con la liga NWSL hasta 2025. Además, si quiere volver a dirigir en esta liga, Harrington tiene que reconocer sus acciones, participar en entrenamientos y demostrar que ha corregido su comportamiento ("Craig Harrington" 2023).

Aunque esta sanción puede parecer tenue, por lo menos marca un parámetro dentro de la liga estadounidense. Lo mismo no puede decirse de la Liga MX Femenil. Cuando Harrington fue señalado por Eva Espejo solo recibió tres partidos de castigo por parte de la Comisión Disciplinaria. Además de la acción en contra de la jugadora de Rayadas, el técnico inglés fue expulsado en otra ocasión por encarar en el medio tiempo a la árbitra Karen Hernández Andrade. Aun con estos antecedentes de conducta en ambas ligas, nada le puede impedir a Harrington que sea contratado por otro equipo de la Liga MX Femenil en cualquier momento.

En el mismo año en el que se inició la Liga MX Femenil, las jugadoras de las Centellas del Necaxa acusaron a su preparador físico de acosarlas sexualmente. Según se informa en un reportaje del futbol femenil para la revista *Proceso*, el equipo de las Centellas despidió al trabajador, mas no emprendieron acciones legales ni tampoco realizó algún tipo de informe al resto de los equipos de la Liga (Pereyra 2021, III). Asimismo, la periodista Beatriz Pereyra cuestionaba en dicho reportaje cuáles eran los procesos y protocolos por seguir cuando hubiera casos de acoso sexual por parte de las mismas jugadoras de la liga. Pereyra señalaba que en los equipos "no existen reglas claras —ni en la Liga MX Femenil— sobre cómo deben de comportarse las jugadoras en un espacio de trabajo donde conviven niñas y adolescentes con mujeres que rebasan los 30 años" (III). La falta de protocolos y transparencia en los procesos quedó evidenciada en julio de 2022 cuando Maribel Domínguez y el resto de su cuerpo técnico fue separado de su cargo bajo la selección sub-20 femenil para después ser despedidas y despedidos del equipo. Días antes de que se hiciera oficial el despido de la entrenadora, los medios de comunicación ya publicaban el inminente cese de Domínguez.

Ante la falta de transparencia por parte de la FMF, los rumores de acoso sexual y otro tipo de violencia en contra de las jugadoras por parte del cuerpo técnico fueron incrementando. Muchos de estos fueron propagados por periodistas deportivos quienes aseguraban que Maribel Domínguez había acosado a una de sus jugadoras. Un escueto comunicado de la FMF indicaba no haber encontrado pruebas de abuso o acoso sexual, pero sí de conductas inapropiadas de algunos integrantes del cuerpo técnico. Al momento de escribir estas páginas todavía no se han develado las conductas inapropiadas. Sin embargo, algo que se ha mantenido son los ataques sexistas y lesbofóbicos en redes sociales, en donde muchos usuarios siguen acusando a Maribel Domínguez sin que el público en general tenga información suficiente para saber lo que aconteció. La misma Domínguez expresó el daño que esto le ha causado, tanto a su imagen profesional como a su familia, "ya que también este juicio se ha dado en las plataformas sociales sin haber sido escuchada" (@MaribelD9 2022). Es imperativo que la Liga MX Femenil y la FMF establezcan y respeten los protocolos para prevenir que las "conductas inapropiadas" se repitan, así como para adjudicar responsabilidades a quienes violenten a jugadoras sin importar su estatus y/o género. Se debe también fomentar procesos transparentes y comunicaciones efectivas.

El lamentable caso de Scarlett Camberos
y la necesidad de actuar

Scarlett Camberos fue anunciada como refuerzo de América en diciembre de 2021; la futbolista venía del futbol colegial estadounidense. Su llegada revolucionó al equipo y pronto se convirtió en un referente tanto en el América como en la Liga MX Femenil. En dos torneos con el equipo americanista consiguió 18 goles y llegó a una final con su equipo. Desafortunadamente, Camberos es recordada más por el acoso que sufrió mientras vivía en México que por sus logros deportivos. El caso de esta jugadora, lamentablemente, ejemplifica diferentes elementos de los que se han hablado en las páginas anteriores y de lo que periodistas han estado discutiendo en sus columnas, artículos y programas deportivos desde hace mucho tiempo: la discriminación y acoso sistémico que reciben las deportistas mexicanas. La situación de Camberos ha sido una que acaparó los reflectores por su gravedad, pero no es la primera vez que algo así ocurre, tampoco parece ser la última vez que pueda suceder.

Ya desde 2021 el Grupo Televisa, al que pertenece el Club América, había publicado un comunicado en donde denunciaba el acoso que sufría Selene Valera, una de sus futbolistas:

> La grave situación de la violencia que sufren las mujeres requiere de nuestro total respaldo en todo momento. Reprobamos cualquier acción de hostigamiento. Desde el primer momento, nuestras futbolistas han recibido acompañamiento y asesoría integral por parte del Club América y de diferentes instancias de Grupo Televisa. (Yu 2021)

Un año de este comunicado, la futbolista mexicoamericana, Scarlett Camberos, pidió a sus seguidoras y seguidores en redes sociales que reportaran la cuenta de un hombre que la estaba acosando. En una de sus publicaciones Camberos explicó haber visto a esta persona en camino a su casa: "Este es su Instagram, ya no soporto más todas las cuentas que hace para molestarme diario y hoy me lo topé en mi camino a casa. Acosando NO ESTÁ BIEN [*sic*]" (@scarcamberos 2022). La misma Selene Valera explicó después que se trataba de la misma persona que anteriormente la había acosado a ella (@SeleneValera 2022). Es decir, después de que Valera denunció legal y públicamente al individuo, no hubo ninguna consecuencia para este. Al contrario, en febrero de 2023, aun cuando Camberos tenía una orden de restricción contra el individuo, el acosador *hackeó* su cuenta de Instagram y publicó imágenes de él con mensajes románticos para hacer creer que era el novio de la futbolista. La condena: 36 horas de arresto domiciliario.

Este caso exhibió diferentes capas de violencia a la que están expuestas las futbolistas. En primera instancia evidenció la impunidad que reciben los acosadores. Por otro lado, mostró la falta de perspectiva de género de muchos de los periodistas que cubren este tipo de notas. Ante la incertidumbre de no sentir su integridad protegida por las autoridades ni por su equipo, la jugadora mexicoamericana decidió irse de México y terminar su contrato con el América Femenil. Esto causó que muchos de los medios de comunicación cuestionaran la falta de profesionalidad de la futbolista. Incluso hubo personas que pusieron en duda su lealtad al equipo, su amor por México y hasta el interés económico al haber fichado por el equipo Angel City de la NWSL con sede en Los Ángeles. Ninguno de estos reclamos tomaba en cuenta la gravedad del asunto. La vida de la jugadora, su integridad física y emocional estaban en peligro. Un ciberacoso que pasó hasta el acoso físico y el cual pudo haber escalado en un feminicidio. Unas semanas después de que se anunciara la salida de Camberos del equipo americanista, Mayra Lares, mujer de 28 años, fue víctima de feminicidio en Torreón, Coahuila. Al igual que Camberos, Lares había denunciado que sus redes sociales habían sido *hackeadas* e incluso tenía también una orden de restricción en contra del hombre que la asesinó el 28 de marzo de 2023.

Como jugadora mexicoamericana, y debido a su gran talento, Camberos pudo encontrar una opción para "huir" ante la violencia que experimentaba en México. Aunque en lo individual esta fue una solución para Camberos —una que la hizo dejar su trabajo en México y sus vínculos emocionales ahí—, esta no es una opción para el resto de las jugadoras mexicanas quienes siguen expuestas a la ciberviolencia, y a la violencia de género en general. Esto tampoco presenta una solución ante la violencia sistémica a la que se enfrentan las mujeres mexicanas. La futbolista multicampeona con Tigres femenil, Greta Espinoza, mostró su solidaridad y sororidad con Camberos, puesto que ella también había sido víctima del ciberacoso por parte de, aparentemente, el mismo individuo. En un comunicado público, Espinoza detalló haber realizado "dos denuncias, dos comunicados y múltiples visitas a la Fiscalía. El nivel de acoso que [sufrió] fue documentado en alrededor de 100 diapositivas con pruebas irrefutables y nada fue suficiente para parar el acoso de este individuo" (@GretaEspinozaC 2023).

Ahora bien, como se puede notar, las futbolistas que han hecho público sus testimonios en cuanto a violencia de género pertenecen a equipos que les han brindado apoyo legal, o por lo menos que han secundado sus denuncias ante los medios de comunicación y en redes sociales. El caso que mencionaba Pereyra, en el que el Necaxa no denunció legalmente un acoso a sus jugadoras, muestra que la violencia contra las jugadoras puede acrecentarse debido a la falta de apoyo o de recursos y a la inacción de ciertos equipos. No podemos llegar a saber si otras jugadoras han estado expuestas a esto mismo y hayan recurrido a sus clubes sin encontrar el apoyo necesario.

Las campeonas del mundo evidencian la violencia de género en el futbol

Desafortunadamente, este capítulo se ha tenido que actualizar en varias ocasiones ya que la violencia en contra de las futbolistas no para, como quedó evidenciado en el verano de 2023. Al mismo tiempo, en los últimos meses hemos presenciado diferentes actos de resistencia que ejemplifican una de las premisas de este libro: que el futbol femenil es un ejemplo de sororidad. Los hechos que ocurrieron durante y después de que España femenil ganara la Copa del Mundo de Australia y Nueva Zelanda —los cuales sí acapararon las portadas de la prensa deportiva— no se generaron completamente en el verano de 2023. Es decir, el abuso de Luis Rubiales y todo lo que ocurrió después viene precedido de hechos que acontecieron tiempo atrás. En los siguientes párrafos se ofrece un breve resumen de lo que sucedió y su relevancia con el futbol femenil mexicano.

En junio de 2021 las capitanas del FC Barcelona Femení, en representación de la plantilla, pidieron a la directiva culé un cambio en el banquillo. Su entrenador en ese entonces era Lluís Cortés. El equipo acababa de conseguir por primera vez un triplete, ganando la Liga, la Champions League y la Copa de la Reina. En su petición, las jugadoras reconocían la labor del cuerpo técnico, pero creían que la intensidad del proceso había afectado en su estabilidad en el día a día y que esto podría desencadenar mayores consecuencias (Frieros y Soria 2021). Ante esto, parte de la prensa española reportaba la noticia como un motín por parte de las jugadoras. Pocos medios de comunicación hablaban sobre la importancia que tenía que las jugadoras abogaran por su estabilidad física y mental. Al final, el técnico decidió separarse del club. En las siguientes temporadas el Barcelona Femení terminó ganando de nuevo la Liga, la Copa de la Reina, la Supercopa de España y la Champions League. Aún más importante, las jugadoras dieron un ejemplo de organización al abogar por lo que consideraban necesario tanto para proteger su salud mental y física, así como para seguir cosechando éxitos deportivos.

Un año después de la colectividad mostrada por las futbolistas catalanas, se dio a conocer que 15 jugadoras españolas habían renunciado a la selección nacional después de que Luis Rubiales, presidente de la Federación Española de Futbol, no destituyera al entrenador nacional de España, Jorge Vilda. La prensa española volvió a utilizar palabras como "motín" y "chantaje" para describir el accionar de las jugadoras. Estas argumentaban que la situación actual de la selección no era el entorno profesional que ellas creían merecer. Muchas de estas futbolistas, incluyendo a Mapi León, Claudia Pina, Patri Guijarro y Sandra Paños, decidieron no volver a la selección aun cuando probablemente habrían sido seleccionadas para el Mundial de Australia y Nueva Zelanda. Otras como Aitana Bonmatí, quien terminó siendo la estrella del Mundial, e Irene Paredes, sí volvieron. Jennifer Hermoso,[23] la máxima goleadora la selección española, no firmó la renuncia inicial. En México, Hermoso era noticia, ya que se había convertido en el fichaje estrella del equipo Pachuca, y de la Liga MX Femenil, en 2022 cuando esto ocurría con la selección española.

Hermoso y sus compañeras españolas, incluyendo a varias que decidieron regresar a la selección, tuvieron una Copa Mundial épica, al perder su primer partido y terminar ganando el campeonato. No solo era esta la primera vez que España ganaba un Mundial femenil con la selección absoluta, sino que este campeonato significaba que las selecciones españolas femeniles eran las mejores del mundo en todas sus categorías. Recordemos que también habían ganado los mundiales sub-17 y sub-20. No obstante, aquella noche también quedaría evidenciada la falta de profesionalismo —además de un claro ejemplo de violencia— al que apelaban las quince jugadoras que menos de un año antes habían pedido un cambio estructural en la selección. En la repartición de medallas, Rubiales le dio un beso a Jennifer Hermoso sin su consentimiento, un ejemplo claro de abuso de poder y de acoso. Este hecho también evidenció la complicidad de todas las personas que justificaron la agresión sexual normalizando acciones que no pueden permitirse en ninguna circunstancia, ni en una celebración pública ni en los espacios privados. Un beso, o cualquier otra acción sexual que no sea consentida, es un abuso.

La conducta de Rubiales después de lo acontecido —culpabilizando a la jugadora y aferrándose a su cargo— es más que penosa, es un reflejo del sexismo y la violencia que experimentan las mujeres sin importar su profesión. Las imágenes que se publicaron posteriormente en diferentes medios de comunicación de Hermoso celebrando el éxito más grande de su carrera fueron usadas para legitimar la acción y las declaraciones de Rubiales. Según un sector de la gente y de la prensa, la jugadora no había sido víctima de una agresión pues aparecía feliz unos minutos después del suceso. Este es un mecanismo común que se usa en casos de violencia sexual, es decir, culpar a la víctima e indagar en el comportamiento de esta para encontrar elementos que justifiquen el abuso. Las víctimas o sobrevivientes de violencia sexual reaccionan de diferentes maneras y no hay por lo tanto una manera en la que se tenga que actuar para que se considere un acto como abuso.

Después de la tensión mediática y de las múltiples muestras de apoyo hacia Hermoso y a las jugadoras españolas, Rubiales renunció a su cargo y Vilda fue cesado de su puesto como entrenador. Al final, las peticiones de las quince jugadoras tenían sentido para quienes no entendían desde un año antes que las jugadoras no estaban chantajeando sino luchando por sus derechos como profesionales. Cabe mencionar que la señora Ángeles Béjar, mamá de Luis Rubiales, emprendió una huelga de hambre de tres días dentro de una iglesia y terminó recayendo en el hospital. Ella aseguraba que su hijo no había actuado mal, puesto que el beso había sido consentido. En palabras de Béjar, su hijo estaba pasando por una "cacería inhumana y sangrienta" ("La madre de Rubiales" 2023). En su ensayo "Understanding Patriarchy" (2010) la feminista afroamericana, bel hooks, analiza el rol de las mujeres, y específicamente de las madres, al propagar el patriarcado. Asimismo, en este texto escrito en los años ochenta, hooks explica el rol que tenemos todos y todas en la construcción y/o proliferación del patriarcado, pero también de la obligación que tenemos en deconstruirlo.

Los hechos que ocurrieron antes y después del Mundial de Australia y Nueva Zelanda mostraron que los medios de comunicación, y muchas personas en general, siguen respaldando los sistemas patriarcales que permiten que se normalice el acoso y el abuso de poder. Al mismo tiempo, esto también reveló una gran cantidad de muestras de sororidad por parte de jugadoras, equipos e instituciones deportivas que se solidarizaron con Hermoso y con la selección española. Algunos futbolistas varones también hicieron lo propio, aunque el número de estos fue realmente minúsculo. En México se realizaron diferentes muestras de sororidad, desde pancartas apoyando a Hermoso en los partidos de Pachuca Femenil y el encuentro amistoso donde el Barcelona enfrentó al América Femenil, hasta publicaciones individuales de jugadoras alentando la causa de sus compañeras españolas. Finalmente, Rubiales fue suspendido por la FIFA por tres años de todas las actividades relacionadas con el futbol a nivel nacional e internacional.

La importancia de acciones y protocolos

Unas semanas antes de que iniciara la Copa Mundial en Australia y Nueva Zelanda, se dio a conocer a través de redes sociales que el mismo hombre que acosaba a la futbolista Scarlett Camberos, y a una jugadora de Tigres femenil, estaba acosando nuevamente a jugadoras del equipo América. Ante la inacción de las autoridades, la institución americanista publicó un comunicado en donde explicaba la situación y revelaba la identidad del acosador incluyendo una fotografía de este. La presión mediática y la movilización de las usuarias y los usuarios en redes sociales causaron que las autoridades actuaran rápidamente y un día después el hombre fue arrestado. Camberos denunció y tuvo que irse de México; Selene Valera también denunció; Greta Espinoza denunció y nada ocurrió hasta muchos meses después, en gran medida, gracias al empuje de la afición. Mientras se arrestaba y procesaba al individuo,[24] la FMF y la Liga MX presentaban el nuevo protocolo contra la violencia y por la diversidad e inclusión. Este fue descrito de la siguiente manera:

> El protocolo crea mecanismos y políticas a favor de la no discriminación y violencia física, así como una estrategia entre todas las partes interesadas del entorno del futbol mexicano para buscar salvaguardar la integridad y seguridad de todos los miembros de la comunidad del futbol incluyendo explícitamente el acoso virtual. ("FMF y Liga" 2023)

De emplearse correctamente, este protocolo a través de los lineamientos de conducta, mecanismos y políticas no solo estaría dando resolución a los casos existentes, sino que podría prevenir futuros incidentes. Asimismo, la Ley Olimpia es uno de los recursos al que las mujeres pueden apelar cuando estén sufriendo de violencia digital.[25]

No obstante, la violencia digital contra estas mujeres es un reflejo de una sociedad patriarcal que permite y promueve la violencia de género. Mientras que esta persista, el futbol continuará siendo un reflejo de su sociedad. La impunidad que persiste en estos casos es también preocupante. Datos proporcionados por el gobierno de México arrojan que el 65 por ciento de las mujeres que sufre de violencia digital no la denuncia y que quienes sí lo hacen usualmente no consiguen ni siquiera una respuesta por parte de las autoridades (Instituto Nacional de las Mujeres 2022). Ahora bien, es importante mencionar que los métodos punitivos, ya sea una dimisión, sanciones económicas y/o deportivas, o medidas cautelares no son suficientes para erradicar la violencia que sufren las futbolistas. Es decir, es necesario que exista un aprendizaje real y no performativo y que esto desencadene en un proceso restaurativo que permita un cambio significativo de conducta. Si esto no se hace, volveremos a tener casos en los que las mujeres sean agredidas, de diferentes maneras, sin ningún tipo de consecuencias para quienes las violenten.

Tamara Romero

Tamara Romero fue futbolista profesional de la Liga MX Femenil desde 2018 hasta 2023. La nacida en la Ciudad de México inició su carrera con el equipo de Querétaro para después jugar con el Club Atlético de San Luis por dos torneos: Apertura 2019 y Clausura 2020. Las siguientes seis temporadas las disputó como jugadora de Mazatlán FC en donde tuvo una participación destacada. Esto la llevó a fichar por el Pachuca, uno de los equipos más importantes de la Liga. A finales de 2023 fue anunciada como Delegada Deportiva de las Tuzas del Pachuca. Además de futbolista, Romero fue Policía Federal. Las siguientes son respuestas que la futbolista ofreció a la autora a finales de 2023.

Carolina E. Alonso: ¿Cuáles son los retos más grandes a los que te has enfrentado siendo futbolista profesional? ¿Qué satisfacciones te ha dejado el futbol en general?

Tamara Romero: El primer reto ha sido estar lejos de la familia, aprender a estar sola a la distancia y siempre viendo la forma de generar más ingresos para invertir en mi fut y en mi familia. Otro punto fue enfrentarme a 3 lesiones de rodilla que me hicieron perder casi 2 torneos. El reto de aprender a relacionarme con la gente y manejar los diferentes escenarios buenos y malos que el futbol te presenta. El reto de enfrentarme a una sociedad machista en México desde que inicié en el deporte y en lo laboral. De los retos más difíciles fue encontrar un punto de equilibrio entre lo importante y lo menos importante de esta carrera dentro del fut, saber escoger mis batallas, tener mis peleas conmigo misma y controlar mis pensamientos ante las diferentes situaciones. La satisfacción más grande que me dejó el fut es haberme dado cuenta de lo hermosa que ha sido la vida conmigo y darme cuenta del poder de la mente. El hecho de haber cumplido todo lo que me propuse desde los 6 años que empecé a jugar este bello deporte, las metas a corto y largo plazo las cumplí. La satisfacción de poder compartir con mi familia, de estar orgullosos de mí y poder ser un ejemplo de vida para otras personas dentro y fuera de las canchas. La satisfacción de poder viajar por el mundo, de conocer personas y culturas. La satisfacción de tener una red de contactos impresionante que gracias al futbol conseguí y todas las vivencias hermosas que me ha dado, aunque en algunas me tocó llorar y sufrirlas, pero han sido estupendas.

C. E. A.: ¿Puedes contarnos un poco sobre tu experiencia siendo futbolista y servidora pública? En ambos espacios puede haber mucho sexismo y machismo, ¿ha sido difícil combinar estas profesiones?

T. R.: Fue difícil por el lado del machismo, incluso el acoso laboral por parte de las mismas mujeres que no aceptan que una mujer juegue futbol y aparte sea servidora pública. Me enfrenté a luchas de poder muy difíciles por el simple hecho de jugar al futbol y de caer bien a la gente con la que me relacionaba en lo laboral. El hacer clic con personalidades fuertes del medio político y deportivo me trajo muchas piedras en el camino y tengo que reconocer que venían más de mujeres que de hombres machistas. Al final crecí mucho ejerciendo ambos rubros y todo me llevó a llegar a la liga profesional en nuestro país, conocí gente buena y de poder que me respaldó para crecer en lo laboral sin descuidar mi sueño en el fut profesional y darme cuenta de que todo es posible cuando realmente se quiere. Este proceso en el fut y en la Policía Federal me ayudaron en mi formación como persona y deportista para hoy enfrentar el mundo con carácter y sin perder mis valores, con un buen equilibrio emocional y siempre viendo el lado humano.

C. E. A.: ¿Qué consejos le darías a las nuevas generaciones de niñas que quieren ser como tú y jugar futbol profesionalmente?

T.R.: Les aconsejaría tener muy claro lo que realmente quieren hacer, que hagan lo que les haga feliz porque al hacer eso, harán todo con gusto y empeño, se les hará fácil porque lo disfrutan, no será un sacrificio y por ende los resultados se irán dando, aprendiendo que la paciencia será su mejor aliado. Que aprendan a manejar el ego, no tomar decisiones bajo el ego es muy importante y que sean disciplinadas en todo, en cosas tan pequeñas como tender tu cama al despertar y desde ahí, tu día se ve si será bueno o malo. Que lo que hagan, lo hagan por ellas y no por agradar a la gente. Que sepan escuchar y aprender de todo, que no se tomen nada personal y que siempre estén de la mano de su familia que es lo más importante. Tan solo yo le diría eso a mi niña de 6 años, por eso se lo diría a las nuevas generaciones.

Notas

1 En su definición más simplificada un feminicidio es el asesinato de una mujer por el hecho de ser mujer y es la demostración más extrema de la violencia hacia estas.

2 En noviembre del 2021, un mes antes de que se llevara a cabo el torneo Mundial de Clubes, Monterrey tenía la plantilla más cara de México valuada en más de 91 millones de dólares ("Monterrey, la plantilla" 2021).

3 La traducción del inglés al español es de la autora.

4 Este fue el promedio que se generó en los meses de enero a marzo de 2022 (Nochebuena).

5 Aquí me estoy refiriendo al libro que ambas feministas norteamericanas publicaron en 1992, *Femicide: The Politics of Woman Killing*.

6 Lagarde y otras políticas y feministas mexicanas fueron clave para poner el feminicidio en la agenda política nacional mexicana.

7 Esta consigna se ha repetido una y otra vez en diferentes manifestaciones y protestas feministas en México durante los últimos años.

8 Las Bravas son unos de los equipos femeniles que más crecimiento ha tenido en los últimos años. Además de invertir en jugadoras mexicanas, mexicoamericanas y extranjeras, también contrataron a una entrenadora reconocida internacionalmente como lo es Milagros Martínez, quién venía de entrenar a un equipo varonil en Japón.

9 Desireé Monsiváis fue la primera futbolista en llegar a los cien goles en la Liga MX Femenil en septiembre de 2021. Antes de jugar para las Rayadas de Monterrey, club con el que logró este récord, jugó para el Toronto Lady Lynx de Canadá y para Biik Kazygurt FC en Kazajistán. Monsiváis estuvo una temporada en el Glasgow City escocés durante el 2022 para volver a las Rayadas en enero de 2023. En el Torneo Apertura 2023 Monsiváis fichó para Pumas Femenil.

10 Esta violencia también está presente en los países que se consideran avanzados en derechos humanos. Los movimientos colectivos como MMIWG (Missing and Murdered Indigenous Women and Girls) y MMIR (Missing and Murdered Indigenous Relatives) surgieron de la comunidad para denunciar los altos grados de violencia, asesinatos y desapariciones de las mujeres y niñas indígenas en Canadá y Estados Unidos.

11 Esta estadística se actualizó en mayo de 2022 ("Clasificación 2022: tabla de países").

12 Mientras se concluía la redacción de este libro, Luz Vari y Fernanda Piña Vázquez, dos excolaboradoras de la ONG Somos Versus fundada por Reimers, manifestaron haber sido violentadas laboralmente por esta. Además, expresaron no haber recibido el reconocimiento que merecían por su trabajo para la elaboración del libro *Pioneras* (2023) publicado bajo la autoría de Reimers ("Marion Reimers, acusada" 2023). La periodista argumentó que dichas acusaciones eran falsas (@LaReimers 2023, "Estoy profundamente"). Es importante mencionar estas declaraciones para que no queden desapercibidas especialmente teniendo en cuenta los temas que aquí se tratan. De igual manera, es necesario señalar que de ser ciertas, estas no justifican ni cambian la discriminación que Reimers ha sufrido y la cual se explica en este capítulo. Ambas situaciones pueden haber ocurrido al mismo tiempo, es decir, recibir y reproducir conductas negativas.

13 Esto se puede observar con periodistas deportivos que trabajan para Televisa, los cuales son frecuentemente insultados por aficionados "antiamericanistas" ya que el Club América es propiedad de esta televisora, por dar un ejemplo.

14 Marion Reimers es abiertamente parte de la comunidad LGBT+.

15 Bot es un término que proviene de la palabra robot. Un bot es una aplicación de *software* que efectúa tareas automatizadas en Internet.

16 Para leer más sobre los bots y la desinformación véase el artículo "Researchers: Nearly Half of Accounts Tweeting About Coronavirus Are Likely Bots" de Bobby Allyn publicado en 2020.

17 De hecho, Reimers empezaba sus narraciones repitiendo la frase: "Con el privilegio de estar siempre cerca del balón".

18 Es necesario agregar que TUDN es una de las máximas impulsoras del futbol femenil mexicano ya que transmiten los partidos de una gran cantidad de equipos tanto en México como en Estados Unidos a través de su aplicación de *streaming*, ViX. Además, cuentan con espacios dedicados exclusivamente a la cobertura del futbol femenil. Esto nos muestra que dentro de los esfuerzos por darle visibilidad a las futbolistas se puede simultáneamente llegar a violentarlas, demeritando el esfuerzo individual y colectivo tanto de jugadoras como de periodistas y de otras mujeres.

19 El diario deportivo mexicano *Récord* publicó una nota titulada "Hija de Figo ya es cancha reglamentaria" destacando que la "guapísima" hija del futbolista portugués, Luis Figo, ya había cumplido 18 años ("El machismo de un diario" 2017). Nuevamente vemos cómo las esposas e hijas de los futbolistas son violentadas de maneras en las que los varones no lo son.

20 La entrenadora española, Toña Is, fue la primera extranjera en dirigir a un equipo femenil mexicano (al Pachuca femenil). Eva Espejo era entonces la directora deportiva del equipo hidalguense.

21 Eva Espejo se convirtió en el 2022 en la primera entrenadora en ganar un Balón de Oro del futbol mexicano por su labor en el año futbolístico, en el cual consiguió un título y un liderato con Rayadas. Unos años antes, en el 2017, Espejo fue seleccionada como la mejor entrenadora del año por parte de la Concacaf por su trabajo como entrenadora de Pachuca femenil.

22 Traducción del inglés al español de la autora.

23 Sin duda alguna la contratación de Hermoso ha sido la más mediática en el futbol femenil mexicano y una de las más importantes del país tanto en la categoría femenil como en la varonil. Además de ser la segunda máxima goleadora del FC Barcelona y primera en la selección española, Hermoso fue campeona de la Liga española en siete ocasiones y con tres equipos diferentes: Rayo Vallecano, Atlético de Madrid y Barcelona. Tiene cinco trofeos Pichichis que la reconocen como la máxima goleadora de la Liga de España en cinco ocasiones. Ha ganado la Champions League, la Super Copa de España y la Copa de la Reina. En México ha sido subcampeona de goleo y obtuvo el segundo lugar en el Torneo Clausura 2023.

24 El acosador de Camberos, Espinoza, y otras futbolistas mexicanas, fue dejado en libertad por falta de pruebas.

25 La Ley Olimpia, la cual es un conjunto de reformas legislativas, surgió después de que la pareja de Olimpia Corral filtrara, sin consentimiento de ella, un video íntimo. Estas reformas "buscan reconocer la violencia digital y sancionar los delitos que violen la intimidad sexual de las personas a través de medios digitales, también conocida como ciberviolencia" (Procuraduría Federal del Consumidor).

Fuera de juego inexistente

Una de las reglas más controvertidas del futbol ha sido, por años, el fuera de juego. En su definición más simple, el fuera de juego es la posición antirreglamentaria de una jugadora o un jugador que se sanciona. La controversia se debe a que en muchas ocasiones el fuera de juego no se marca correctamente debido a errores arbitrales que pueden propiciar que haya goles anulados o contados injustamente. En el futbol varonil mexicano el video arbitraje, (VAR por sus siglas en inglés), está disponible en todas las fases del torneo de primera división por lo que la mayoría de los errores arbitrales se llegan a corregir. Sin embargo, en el futbol femenil mexicano el VAR solo está disponible en la liguilla. Así que durante el torneo regular se siguen presentando acciones polémicas que han impactado directamente los resultados de partidos. La controversia sobre el fuera de juego que existe en el futbol femenil mexicano no solo se debe a la falta de tecnología autorizada para el futbol femenil, sino que simboliza la manera en la que las futbolistas son, en muchas ocasiones, sancionadas por estar en una posición supuestamente antirreglamentaria, es decir dentro de la cancha de futbol.

· 3 ·

VISIBILIDAD LGBT+ EN LA LIGA FEMENIL MEXICANA

Como se mencionó en capítulos anteriores, la intención de este libro no es analizar el futbol varonil, ya que esto se ha hecho en innumerables ocasiones a través de diferentes géneros literarios y periodísticos. Sin embargo, la primera parte de este capítulo sí discute cuestiones relacionadas con la categoría varonil y con la homofobia que prevalece en esta. De igual modo, en las siguientes páginas se provee un breve panorama histórico sobre la diversidad sexual en México y un recuento de la represión que han sufrido algunas personas que transgredieron la normatividad sexual impuesta por la jerarquía jurídica y teológica del país. Es necesario hablar de esto, primero porque es parte importante de la historia y cultura de México, y porque la lucha y resistencia que las futbolistas mexicanas han realizado en temas de diversidad sexual ocurren dentro de un ambiente de intransigencia y lesbofobia/homofobia en una sociedad heteronormativa.

Cuando se tiene esto en consideración, se amplifica aún más el impacto que jugadoras como Bianca Sierra, Stephany Mayor, Janelly Farías y Alejandra Gutiérrez, entre muchas otras, han tenido dentro y fuera de las canchas de futbol. El valor y resiliencia de estas mujeres de vivir públicamente sexualidades transgresoras, provee visibilidad y validez a la comunidad LGBT+,[1] tanto en el futbol como en la sociedad mexicana. Ser lesbianas y/o mujeres *queer*, las pone ya en un espacio inerme y hacer esto público las vulnera aún más, tanto en cuestiones emocionales como físicas. México no es un país seguro para las personas LGBT+; en 2023 fue catalogado como el segundo país en Latinoamérica con más crímenes de odio en contra de la comunidad LGBT+, entre los que se incluyen asesinatos, desapariciones y atentados ("Pese a los avances" 2023).

Misión (casi) imposible: salir del clóset en el futbol varonil

El 16 de mayo de 2022, el Blackpool Football Club —equipo que en ese tiempo pertenecía a la segunda división inglesa— publicó en su página oficial un comunicado escrito por su jugador, Jake Daniels. En el mensaje el futbolista inglés mencionaba brevemente los logros individuales y colectivos de su temporada. Sin embargo, el propósito del comunicado era expresar públicamente su orientación sexual: "Pero fuera del campo he estado ocultando mi verdadero yo y quién realmente soy. He sabido toda mi vida que soy gay y ahora siento que estoy listo para salir del clóset y ser yo mismo" (FC Blackpool 2022).[2] El jugador de entonces 17 años también agradecía el apoyo de sus familiares, amistades, compañeros de equipo y de su club. Daniels expresaba haber sido inspirado por otros futbolistas y atletas que antes que él hicieron pública su orientación sexual. La noticia apareció en numerosos diarios deportivos del mundo incluso en medios de comunicación no especializados en deportes.

El frenesí mediático que provocó esta revelación es entendible. Daniels es uno de los pocos futbolistas que han, públicamente, "salido del clóset", como se le conoce al proceso que las personas LGBT+ pasan al aceptar su orientación sexual y/o identidad de género y compartirlo con otras personas. A Daniels se suman los australianos Joshua Cavallo y Andy Brennan, los estadounidenses David Testo, Collin Martín y Robbie Rogers, y el sueco Anton Hysén. El primer jugador que se declaró abiertamente gay[3] fue el también inglés Justin Fashanu, quien hizo pública esta información en 1990. Desafortunadamente, Fashanu murió por suicidio en 1998. Unos de los últimos futbolistas en identificarse públicamente como gay, fueron el escocés Zander Murray, quien lo hizo a finales del 2022 y el portero español Alberto Lejárraga, jugador del Marbella FC, quien al conseguir el ascenso a segunda división con su equipo compartió una imagen besando a su pareja, Rubén, en el 2023. Estos son algunos de los pocos jugadores que se han identificado abiertamente como hombres gays de los miles que están inscritos como profesionales en el mundo. Aunque este dato pueda resultar sorpresivo es también entendible. El futbol es, en muchos aspectos, un espacio heteropatriarcal en donde se exalta y se suele fomentar una hipermasculinidad. Generalmente, es un ambiente en donde se rechazan versiones alternativas de la masculinidad hegemónica.[4]

Homofobia en el mundo del futbol

Es cierto que la homofobia y la masculinidad tóxica no son características del futbol en general. De hecho, en las siguientes páginas se ofrecen ejemplos de jugadores y otras personas relacionadas al futbol que han luchado de una u otra manera para combatir estas conductas. También es cierto que estos temas están presentes en otros deportes y en todas partes del mundo.[5] Sin embargo, el problema principal en cuanto a la homofobia y al futbol viene desde la máxima institución que rige este deporte. Es decir, la FIFA ha mandado un mensaje implícito a los y las futbolistas al igual que a la afición sobre la necesidad de "reprimir" las orientaciones sexuales que difieran de la heterosexualidad si quieren presenciar partidos de futbol en los estadios.[6] Las últimas dos Copas Mundiales varoniles se han jugado en países con leyes que violentan y discriminan a la comunidad LGBT+. En 2018, el Mundial se llevó a cabo en Rusia, país que ha sido criticado por violaciones a los derechos humanos de sus ciudadanos. Ni los matrimonios ni las uniones civiles entre parejas del mismo sexo son permitidas. Asimismo, Rusia no provee ningún tipo de protección en cuestión de discriminación LGBT+; tampoco ofrece garantías para sobrevivientes y/o víctimas de crímenes de odio basados en la identidad de género o en la orientación sexual. En 2013 dicho país pasó una ley que prohibía la difusión de "propaganda de relaciones sexuales no tradicionales" entre menores de edad (Elder 2013). Esto fue criticado por activistas LGBT+ en Rusia y en el exterior, ya que consideraban que esta ley tenía como finalidad prohibir la distribución de material con información sobre los derechos de esta comunidad.

No obstante, a pesar de haber recibido fuertes críticas por seleccionar a dicho país como sede del torneo más importante de futbol, la FIFA eligió a Catar como el siguiente anfitrión de la Copa Mundial de 2022. En este país existen leyes que criminalizan los actos homosexuales hasta con tres años de cárcel. Evidentemente, en Catar no se permiten los matrimonios ni las uniones civiles entre personas del mismo sexo. Semanas antes de que iniciara este Mundial, la organización de derechos humanos no gubernamental y sin fines de lucro, "Human Rights Watch", realizó entrevistas a seis personas de la comunidad LGBT+ en Catar y publicó lo siguiente:

Todos dijeron que los agentes del Departamento de Seguridad Preventiva los detu-
vieron en una prisión subterránea en Al Dafneh, Doha, donde fueron acosaron [sic]
verbalmente y sometidos a abusos físicos, desde bofetadas hasta patadas y puñetazos
hasta hacerlas sangrar. Una mujer dijo haber perdido el conocimiento. Los agentes de
seguridad también infligieron malos tratos verbales, extrajeron confesiones forzadas
y negaron a los detenidos el acceso a un abogado, a la familia y a la atención médica.
Los seis dijeron que la policía los obligó a firmar compromisos que indicaban que
"cesarían la actividad inmoral". ("Qatar: Las fuerzas de seguridad" 2022)

Antes de que se llevara a cabo el torneo, el gobierno de Catar compartió comunicados para informar a los turistas de las prácticas no permitidas en su país.
En estos folletos impresos y electrónicos se les pedía a los extranjeros mostrar
respeto por la religión y por la cultura nacional. Uno de los comunicados más
compartidos en redes sociales explicaba con palabras e imágenes estas prohibiciones, entre las que se encontraban: tomar alcohol, la falta de decoro y la
homosexualidad, entre otras (@EPLworld 2022).

Los objetos que hicieran referencia a la comunidad LGBT+ también fueron prohibidos durante el torneo. Algunas personas que viajaron al Mundial
recurrieron a las redes sociales para compartir que se les estaban confiscado
artículos con imágenes de arcoíris[7] antes de entrar a los estadios. Este tipo de
prohibiciones, como portar imágenes características del orgullo gay, no solo
aplicaba a la afición y a periodistas. A los jugadores no se les permitió usar los
brazaletes *one love*[8] los cuales tienen colores de arcoíris. Si los jugadores deci-
dían usarlos en cualquier partido del Mundial, iban a recibir automáticamente
una tarjeta amarilla. La federación alemana presentó una apelación ante el
Tribunal de Arbitraje Deportivo (TAS por sus siglas en francés) como reacción
a esta medida. Sin embargo, la FIFA apeló a la neutralidad política como razón
para prohibir el uso del brazalete. Esto hizo que la selección alemana realizara
una protesta en la foto oficial del equipo antes de iniciar su primer partido en
Qatar 2022. Los once jugadores titulares del equipo alemán se pusieron las
manos en la boca simbolizando la falta de libertad de expresión que estaban
viviendo en el torneo.

Dentro de esta represión se dieron casos de resistencia como el de la exfutbolista del Arsenal y de la selección inglesa, Alex Scott, quien fungió como
reportera de la BBC para el Mundial. Scott usó el brazalete *one love* cuando
cubría el primer partido de Inglaterra en el Mundial mientras estaba en el
campo de juego. La televisora a la que Scott representaba en el torneo, la BBC,
tampoco transmitió en vivo la ceremonia de apertura del torneo en forma de
protesta (Waterson 2022). La ministra del interior de Alemania, Nancy Faeser,
también se atrevió a usar el brazalete en el partido de Japón contra Alemania, el

cual vio desde uno de los palcos del estadio. Es evidente que estas demostraciones hacen poco para combatir la homofobia sistémica en el futbol; sin embargo, sí mandan un mensaje desafiante a la FIFA y validan la lucha de aficionadas y aficionados que apoyan y defienden los derechos humanos de las personas LGBT+. Como mínimo, estas acciones generaron que medios de comunicación discutieran el tema en muchos de sus programas o artículos, tanto deportivos como de interés general.

Ahora bien, es importante recordar que otro de los asuntos que se cuestionó del Mundial de Qatar, además de los derechos LGBT+, fue la falta de seguridad con la que contaban los trabajadores que construyeron los estadios y otras instalaciones utilizadas para la competición. La mayoría de las personas que realizaron esta labor fueron trabajadores migrantes, quienes eran originarios de países como India, Nepal, Pakistán y Sri Lanka, entre otros. El seleccionador de Inglaterra, Gareth Southgate, declaró que su selección quería usar el brazalete *one love* para resaltar la cuestión de los derechos humanos en Catar, incluyendo el trato a los trabajadores migrantes. El comité organizador del torneo reconoció que las obras relacionadas con el campeonato propiciaron la muerte de entre 400 a 500 trabajadores (Junquera 2022). Sin embargo, investigaciones periodísticas como la de *The Guardian* reportaban más de seis mil muertes de trabajadores migrantes desde que Catar fue nombrado sede del Mundial (Pattisson et al. 2021).

La FIFA no solo no condenó los hechos, sino que mostró una postura indiferente ante los temas relacionados con derechos humanos. Ante las preguntas sobre el porqué la organización había elegido un país como Catar para celebrar la Copa del Mundo, el entonces presidente de la FIFA, Joseph Blatter, mantuvo siempre que no se trataba del dinero que países como Catar le dejaban a su organización sino de promover el futbol en todo el mundo. Recordemos que los cuestionamientos sobre las sedes mundialistas venían precedidos de las investigaciones que el Buró Federal de Investigaciones y el Servicio de Impuestos Internos de Estados Unidos realizaron a la FIFA por cuestiones de impuestos, corrupción y sobornos. De hecho, debido a los casos de corrupción, Blatter tiene prohibido participar en actividades de la FIFA hasta 2027.

No todo es la FIFA: la homofobia de jugadores y aficionados

A pesar de que numerosas personas alzaron la voz ante las designaciones de estos países como sedes mundialistas, muchas otras le restaron importancia a esto bajo la premisa de que el deporte no tiene por qué involucrarse en temas políticos y que los futbolistas no deben hacer pública su orientación sexual. El deporte es deporte y nada más. Este tipo de comentarios exponen, por un lado, el desconocimiento sobre el rol que el futbol ha tenido en temas y conflictos políticos y sociales en todo el mundo.[9] Por otro lado, evidencian la homofobia internalizada que abunda en una sociedad heteropatriarcal. Es decir, los jugadores heterosexuales no tienen que hacer pública su orientación sexual ya que esta es considerada como la norma. Al mismo tiempo, salir del clóset públicamente les permite a las y los futbolistas validar su identidad en un espacio, que como se ha visto, los invita a vivir escondiéndose y a sentirse avergonzados e incluso amedrentados.

Las personas LGBT+ están constantemente expuestas a actos y comentarios homofóbicos. El futbolista escocés, Zander Murray, por ejemplo, ha compartido los insultos que recibe desde que hizo pública su orientación sexual. Comentarios como "... solo juegas al fútbol para mirar a los chicos en el vestuario" (@ZanderMurray 2023)[10] demuestran la homofobia explícita que abunda en redes sociales. Mas no solo se debe hablar de este tipo de homofobia, existe también la que se ha internalizado y se propaga a través de "chistes", comentarios, y otras actitudes que están normalizadas en nuestra sociedad y que son vistas como parte del humor y folclore nacional. Los futbolistas españoles campeones del mundo en Sudáfrica 2010, Iker Casillas y Carles Puyol, ilustraron esto a través de publicaciones en Twitter.

Un mes antes de que diera inicio el Mundial de Qatar en la cuenta de Twitter del portero español apareció el siguiente tuit: "Espero que me respeten: soy gay #felizdomingo" (@IkerCasillas 2022). Puyol entonces contestó a esta publicación diciendo: "Es el momento de contar lo nuestro, Iker" (@JosuaCavallo 2022), seguido de emojis de corazón y de un beso. Posteriormente, Casillas informó que su cuenta había sido *hackeada* y que respetaba a la comunidad LGBT+, pero que el tuit era mentira. Después de haber recibido una gran cantidad de respuestas a sus mensajes, Puyol publicó una disculpa. El futbolista leyenda del FC Barcelona reconocía que su broma podía haber afectado a miembros de esta comunidad. En efecto, el futbolista, Joshua Cavallo, se pronunció al respecto en el siguiente mensaje:

> Que @IkerCasillas y @Carles5puyol bromeen y se burlen de salir del clóset en el fútbol es decepcionante. Es un camino difícil que cualquier persona LGBT+ tiene que atravesar. Ver a mis modelos a seguir y leyendas del juego burlarse de salir del clóset y de mi comunidad es más que irrespetuoso. (@JosuaCavallo 2022)[11]

Antes y después del tuit de Puyol no hay nada que indique que él haya tenido actitudes homofóbicas en público. Al contrario, en varias ocasiones ha compartido espacios con jugadoras como la futbolista española María "Mapi" León, quien se ha identificado públicamente como lesbiana y quien es un estandarte para la comunidad lésbica internacional.[12] Además, cabe resaltar que Puyol es uno de los futbolistas que más apoyan al futbol femenil, particularmente al equipo FC Barcelona Femení.

El jugador constantemente lanza mensajes de apoyo a las futbolistas del equipo y asiste a sus partidos. Se menciona esto porque pareciera que Puyol no haya ni siquiera pensado en la posibilidad de que una broma pudiera ser realmente un comentario discriminatorio. De hecho, la disculpa emitida por Puyol, también a través de Twitter, fue en general bien recibida por parte de la comunidad LGBT+ que se manfiestó ya que este reconocía haber cometido un error. Sin embargo, este tipo de acciones nos demuestra que hemos, como sociedad, normalizado actitudes, comentarios y acciones en forma de broma que pueden causar daños emocionales y físicos a personas de esta comunidad. Si bien el tuit original de Casillas —donde se declaraba gay— recibió mensajes de apoyo, también hubo muchas respuestas negativas y de mofa que se incrementaron cuando Puyol contestó. Estas "bromas" demeritan la valentía y la vulnerabilidad relacionada con salir del clóset y validan acciones homofóbicas dentro y fuera de los estadios de futbol. Además, acciones como estas muestran una falta de solidaridad para los compañeros de profesión que pudieron haber sido afectados por las leyes de Catar, ya que este incidente ocurrió poco tiempo antes del Mundial.

En gran medida, la homofobia que vemos en el futbol varonil va de la mano de una clara misoginia por parte de algunos aficionados. Cristiano Ronaldo, por ejemplo, es constantemente atacado por sus detractores quienes usan términos femeninos para referirse a él. También hay personas que suben y comparten imágenes editadas en redes sociales donde el futbolista portugués aparece maquillado o usando accesorios típicamente asociados como femeninos para burlarse de él insinuando que es mujer. Recordemos que "la misoginia (término que procede del griego miseo: 'odiar' y gyne: 'mujer') se define como las actitudes de odio y menosprecio hacia las mujeres, a las que se las considera como inferiores y merecedoras de desprecio. . ." (Cerva Cerna 2020, 186–187). Es decir, identificar a Ronaldo, y a muchos otros jugadores, como mujer es una manera de implicar que es inferior a sus rivales. Ser mujer es un insulto.

Al igual que el futbolista portugués, un gran número de jugadores heterosexuales o que no son parte de la comunidad LGBT+ públicamente, reciben insultos homofóbicos que suponen que ser gay es algo negativo, humillante y que aparentemente los hace peores competidores en el futbol. De hecho, en el 2016 el Observatorio Español contra la LGBTfobia denunció el odio recurrente en los estadios españoles en diferentes categorías y específicamente hizo referencia a un incidente en contra de Ronaldo. El director de la organización en ese entonces, Francisco Ramírez, comentó que "jugadores y árbitros son reiteradamente insultados con apelativos homófobos sin que a día hoy haya habido una sanción pública y ejemplarizante, que termine con esta continua presencia de la homofobia en el fútbol español" ("Un colectivo" 2016). Estas acciones discriminatorias siguen ocurriendo tanto en España como en el resto de los estadios del mundo. Unai Simón, portero del Athletic Club, recibió insultos homofóbicos y deseos de muerte en un partido contra el Osasuna en agosto de 2023. Algunos fanáticos del equipo rival le gritaron en repetidas ocasiones: "Que te mueras, hijo de puta. Maricón, puto maricón".

Los futbolistas españoles del Real Betis Balompié, Aitor Ruibal y Borja Iglesias, fueron fuertemente atacados en redes sociales al presentarse en una fiesta con bolsos de mano. Ante la lluvia de comentarios homofóbicos que recibió, Iglesias emprendió "Soy Heterosexual", una campaña contra la homofobia. En un video subido a YouTube el futbolista criticaba la homofobia en España y mostraba su apoyo a la comunidad LGBT+. Este ejemplo nos muestra cómo incluso los futbolistas heterosexuales pueden sufrir de ataques homofóbicos por transgredir la masculinidad hegemónica, en este caso la expresión de género. No resulta extraño, entonces, que el número de jugadores abiertamente gay sea mínimo en el futbol varonil. Para que esto cambie es fundamental que los jugadores heterosexuales muestren solidaridad con los atletas y personas LGBT+, normalicen la diversidad dentro y fuera de los estadios y se conviertan en aliados.[13] Es innegable que las y los futbolistas tienen una gran influencia en la sociedad. Aunque muchas personas no estén de acuerdo, las y los atletas famosos se han convertido en modelos a seguir. Así que su comportamiento ante estos temas puede ser una pauta que seguir para la afición.

Es necesario indicar que hay futbolistas de gran popularidad, como Antoine Griezmann, que han apoyado abiertamente a sus compañeros de profesión cuando han hecho pública su orientación sexual. No obstante, todavía falta mucho para que el futbol varonil sea un espacio seguro y propicio para que los jugadores u otros hombres, como entrenadores y árbitros, puedan reconocer públicamente su identidad sexual o de género cuando estas no sigan la norma. Son muy pocos los entrenadores que han salido del clóset. Entre ellos encontramos a Luke Tuffs, director técnico del equipo Ashford Town (Middlesex)

Football Club, de la liga Isthmian League en Inglaterra. Tuffs ha hablado en múltiples ocasiones sobre la importancia que tiene darles visibilidad a las personas gays en el futbol. Olivier Rouyer es el único jugador francés que ha salido del clóset públicamente como gay; Rouyer fue seleccionado nacional de su país y salió del clóset después de retirarse como jugador y entrenador. En cuanto a los árbitros, el brasileño Igor Benevenuto es el único avalado por la FIFA que se ha declarado gay, lo cual anunció en 2022. En México no hay, hasta el momento en el que se escribe este libro, ningún jugador profesional que haya salido del clóset, incluso con los más de cien años de historia y con los miles de futbolistas profesionales que han jugado en el país.

Homofobia en el futbol mexicano

Uno de los temas que más controversia ha generado en el futbol mexicano, particularmente cuando se trata de la selección nacional varonil, es el del grito de "eh, puto". El grito discriminatorio —como lo llama la FMF— se ha hecho presente en muchos de los partidos de la selección, tanto en México como en Estados Unidos. Hay quienes consideran este grito como una muestra clara de homofobia. Esta ha sido, sin duda, la postura de la prensa internacional. Sin embargo, Marie Sarita Gaytán y Matthew L. Basso (2022) han analizado este grito como una reacción de las experiencias masculinas ante el neoliberalismo en México. Asimismo, estos académicos nos recuerdan que la homofobia no es algo universalmente reconocible y explican que el uso que los hombres mexicanos han dado al grito varía en su origen, intención y consecuencia (31). Sin duda, un gran número de fanáticos mexicanos no consideran el "eh, puto" como un grito homofóbico, sino como otro insulto que utilizan para molestar a un futbolista o un equipo rival y tratar de desconcentrarlo.

El "eh, puto", que se grita cuando un portero despeja el balón, nació hace veinte años, en un partido entre México y Estados Unidos durante el torneo preolímpico de 2004 en Guadalajara. Después de este partido el grito fue utilizado regularmente en los encuentros locales del Atlas varonil. El Mosh, uno de los barristas de este equipo, es considerado como su creador. En una entrevista realizada en el 2021, este comentó que el grito no nació con la intención de ser un insulto homofóbico:

> Fue ese partido, tú sabes lo que es un clásico y sabemos quién es el rival al que tenemos que odiar deportivamente, fue por eso, fue de coraje, y recuerdo que no lo hicimos con afán de protesta, fue algo chusco porque salió de la nada, siguió, siguió y siguió.

> A las autoridades de la FIFA ojalá por lo menos se dieran a la tarea de investigar un poco qué es lo que significa realmente, no tanto es la homosexualidad como tal, porque no va por ahí, mexicanamente hablando decimos puto por cualquier cosa, antes de poder tomar cartas en el asunto se tendría que investigar la raíz. (Figueroa 2021)

Cuando el barrista menciona lo de "tomar cartas en el asunto" se refiere a las sanciones de las que la FMF se había hecho acreedora a causa del grito. Además de multar a la federación mexicana con cientos de miles de dólares, la FIFA impuso castigos que involucraban directamente a la afición. Esto sucedió en 2021 cuando la selección mexicana fue sancionada con jugar dos partidos a puerta cerrada, es decir, sin afición.

Aunque los gritos de "eh puto" nunca se han presentado en partidos femeniles, el entonces presidente de la FMF, Yon de Luisa, abrió la posibilidad a que uno de los partidos del veto fuera cumplido por la selección femenil puesto que "la pena no es para la selección, es para la afición" (Palma Hernández 2021, "FMF acepta"). Ante esto, la gran referente del futbol femenil, Alicia "La Pelé" Vargas, mencionó: "Es más sencillo echarles el castigo a ellas, que asumirlo los varones. Siempre que puedan descargarán todo sobre la selección de mujeres" (Palma Hernández 2021, "FMF acepta"). Quizá no exista alguien más autorizada para hablar de la desigualdad en el futbol femenil que Vargas. Finalmente, y ante una presión intensa por parte de la prensa, medios de comunicación y afición, la selección femenil no se vio obligada a pagar el castigo. No obstante, el simple hecho de que el presidente de la FMF lo considerara apropiado muestra la poca consideración que se le tiene al futbol femenil. En la actualidad las sanciones no han parado ya que el grito continúa escuchándose en partidos de México, especialmente en los que se juegan en Estados Unidos.[14]

La futbolista Janelly Farías, quien ha sido seleccionada nacional mexicana, se ha pronunciado sobre el grito y cómo este le ha afectado personalmente:

> Durante años, ni siquiera pensaba en el [grito] cuando lo escuchaba. A medida que iba creciendo y que me di cuenta de que era lesbiana, de repente comencé a sentirlo muy personal. Cada vez que mi familia se reunía para ver un partido y yo escuchaba el [grito], sentía una tristeza profunda en mi pecho. No era sólo una palabra sin significado; para mí, significaba que si le decía al mundo quién era, mi familia no me aceptaría ni en mi casa ni en el campo. (Farías 2019)[15]

Teniendo en cuenta el análisis de Gaytán y Basso, es importante mencionar que Farías creció en EE. UU., por lo que la traducción de "puto" como "faggot" tiene una connotación homofóbica mucho más evidente. En Estados Unidos, esta palabra ha sido relacionada durante ataques violentos en contra de hombres gays y personas trans. Aunado a esto, la manera en la que se ha manejado este tema en la prensa internacional y nacional invita a las personas a pensar en "eh, puto" como meramente homofóbico.

El *Diccionario del español de México*, producido por el Colegio de México, provee dos definiciones de "puto", la primera como hombre homosexual y la segunda de un hombre cobarde o miedoso ("Puto"). Es imposible saber si cuando los individuos realizan este grito en los estadios lo hacen con la intención de demeritar al rival de manera homofóbica o si lo están utilizando a manera de "odio deportivo", como explicó su creador. No obstante, la definición anterior invita a pensar que en el imaginario colectivo mexicano ser "puto" puede también ser un reflejo de un hombre que no sigue la masculinidad hegemónica de valentía. Para algunos aficionados continuar con el grito, aun conociendo las posibles consecuencias que acarrea, implica una resistencia ante las instituciones que intentan silenciarlos. Este también se ha convertido en un símbolo de protesta hacia la selección nacional — jugadores, cuerpo técnico y/o directivos—, puesto que el grito ahora aparece casi exclusivamente cuando el equipo va perdiendo o no está teniendo un buen desempeño.

Más allá de este grito hay equipos y aficiones que han utilizado vocabulario, referencias o canciones visiblemente homofóbicas para ofender a sus rivales. Gracias a la tecnología algunos de estos momentos han quedado plasmados en videos. Esto les ocurrió a los dos equipos varoniles más populares de México: Guadalajara (Chivas) y América. Antes del clásico nacional,[16] que además fue la semifinal del Torneo Clausura 2023, las Chivas tuvieron un entrenamiento a puerta abierta donde los aficionados pudieron alentar a los jugadores mientras practicaban. En un video se puede observar cómo desde las gradas sonaban diferentes gritos de animación; una de las porras comenzó entonces a entonar "el que no salte es un wilo [fanático del América] maricón" mientras más de veinte jugadores saltaban juntos abrazados.[17]

Esa misma semana, un gran número de aficionados americanistas se presentó en el hotel de concentración de su equipo con el fin de animarlos. El equipo salió a recibirlos y entonaron juntos cánticos americanistas y otras canciones populares en el futbol. Después la afición cantó "el que no brinque es un chivo [fanático de Guadalajara] maricón", mientras que muchos de los jugadores brincaban al ritmo de la música y de la canción.[18] Es cierto que, como dice el escritor Luis Zapata (2018), los hombres gays se han apoderado de los términos "loca" y "maricón", entre otros, como lo hicieran en EE. UU. con *queer* (16) a manera de empoderamiento. No obstante, también es cierto que estas palabras siguen utilizándose de forma despectiva para discriminar y violentar física y emocionalmente a la comunidad LGBT+, particularmente a los hombres gays y personas trans.

¿Solidaridad o *rainbow washing*?

Cuando los equipos de futbol deciden mostrar solidaridad con la comunidad LGBT+ usualmente reciben críticas y amenazas por parte de la afición. Esto ocurre generalmente durante el mes del orgullo gay.[19] En el mes de junio, algunos equipos mexicanos deciden mandar un mensaje de apoyo a la comunidad LGBT+ y agregan a su escudo, o a su foto de perfil, los colores de la bandera del orgullo o de la diversidad. Las reacciones negativas ante esto son abrumadoras. En junio del 2023, por ejemplo, el equipo América varonil puso los colores del arcoíris en su escudo y recibió más de 80 000 reacciones de risa en la imagen tan solo en Facebook. Un gran número de los comentarios hacían referencia a cuestiones religiosas citando pasajes bíblicos específicos. Aficionados y aficionadas de equipos rivales bromeaban insinuando que América estaba saliendo del clóset. En efecto, la gran mayoría de las opiniones en Facebook, Instagram y Twitter —en las tres redes sociales se publicó la foto del escudo de arcoíris— fueron de repudio y de odio.[20] A pesar de esto, la institución volvió a publicar días después un par de imágenes de apoyo a la comunidad LGBT+, entre ellas una de las dos mascotas[21] del equipo usando colores de arcoíris y el mensaje: "Porque el amor debe de ser libre y lleno de color. ¡El amor es amor!" (Club América 2023, "Porque el amor").

Además de la homofobia explícita en los comentarios, muchos seguidores americanistas se quejaban de la "inclusión forzada" que a su parecer estaba realizando esta institución para estar a la par de otras empresas y organizaciones internacionales. Estos reclamos no sucedieron tan solo en México. En Europa, por ejemplo, el equipo de Barcelona, tanto el femenil como el varonil, recibió un gran repudio por parte de muchos aficionados por agregar a su escudo los colores del arcoíris. El descontento de algunos fue tanto que la cuenta de Instagram del equipo varonil perdió más de 440 000 seguidores como reacción al apoyo del equipo a la comunidad LGBT+ ("El Barça pierde" 2023). Este dato es demoledor. Casi medio millón de personas se sintió tan ofendida que decidió dejar de seguir a su equipo en esta red social. En México no se realizó un análisis parecido en los perfiles de los equipos que hicieron actos de apoyo durante el mes del orgullo gay. No obstante, en la cuenta del América sí se pueden leer comentarios amenazando a la institución con perder seguidores si siguen apoyando esta causa en el futuro.

Al mismo tiempo que estos incidentes ejemplifican la homofobia que impera en el mundo del futbol, nos muestran una doble moral por parte de los equipos en cuanto a sus mensajes y acciones públicas en temas de diversidad. Uno de los aficionados del América comentó en la publicación del escudo con colores del arcoíris lo siguiente: "Qué bien, pero qué mejor que sembrar esos valores con tu afición, tu equipo técnico y tus jugadores, que seguro hay mucha violencia machista y homofóbica" (Club América 2023, "Foto de perfil"). En efecto, los mismos jugadores que en junio portaban los colores de arcoíris y la bandera de la comunidad LGBT+ en las mangas de sus camisetas cantaban unos meses antes al unísono "el que no salte es un chivo maricón". El comentario del aficionado muestra la necesidad que existe por apoyar a esta comunidad con acciones más allá de usar los colores de arcoíris. El tipo de apoyo performativo se conoce en inglés como *rainbow-washing*, es decir, la estrategia de algunas compañías de mostrar apoyo a los miembros de la comunidad LGBT+ durante el mes de junio y nada más. Muchas compañías y organizaciones, y en este caso equipos de futbol, hacen estas campañas de mercadotecnia sin emplear capital financiero para educar a la población o promover leyes que protejan a las personas de la comunidad LGBT+, quienes son perseguidas, acosadas y asesinadas en todo el mundo por su orientación sexual o identidad de género. Existen pocos ejemplos de equipos, ligas, o federaciones que utilicen recursos o sus plataformas para apoyar al movimiento LGBT+ de manera sustancial y permanente y no solamente durante el mes de junio.

La historia de diversidad que quieren silenciar

Generalmente cuando los equipos mexicanos lanzan mensajes de apoyo a las personas *queer* muchos aficionados argumentan que los equipos quieren imponer una "agenda homosexual" en el futbol, como si la homosexualidad fuera algo contemporáneo que se quiere forzar. Esto nos indica que gran parte de los aficionados tienen poco conocimiento de la diversidad sexual que hay, y que siempre ha existido, en el país. México cuenta con una historia nutrida de movimientos de resistencia organizada en la lucha por los derechos LGBT+. Si bien, los primeros esfuerzos fueron realizados como parte de un movimiento lésbico-gay, actualmente estas luchas incluyen otros aspectos además de la sexualidad como lo son la identidad y expresión de género, así como diferentes intersecciones de identidad. Sin embargo, aun cuando la lucha ha evolucionado considerablemente en estos aspectos, la oposición sigue siendo la misma.

Es decir, una de las fuerzas más importantes en contra del movimiento LGBT+ han sido generalmente las instituciones religiosas, en el caso específico de México, la iglesia católica. Como es bien sabido, esta es la institución que más influencia posee en la cultura mexicana. El académico Héctor Miguel Salinas Hernández (2017), explica que "detrás de su oposición ideológica al matrimonio igualitario por no ser acorde con sus postulados teológicos, subsisten una serie de razones de carácter político, económico y de poder, que la impulsan a una defensa tan radical y vehemente. . ." (102). La resistencia que la iglesia católica mantiene en contra de los derechos civiles de las personas LGBT+, como el matrimonio o la adopción, va más allá de una cuestión teológica sobre el bien y el mal. Salinas Hernández explica que la competencia que se ha presentado con otras iglesias a la que los mexicanos se han adscrito, así como la imagen pública de la iglesia católica tras escándalos como el de Marcial Maciel,[22] entre otras causas, han hecho que su oposición ante la diversidad sexual se mantenga y se intensifique (102). El contexto religioso se puede observar claramente en muchos de los comentarios en las redes sociales de equipos de futbol. Estos usualmente hablan de la homosexualidad como pecado y hacen referencia al infierno al que están condenadas las personas LGBT+, y en el caso específico que se estudia aquí, las y los futbolistas.

Diferentes grupos religiosos y/o conservadores son responsables de promover sentimientos y propuestas de leyes en contra de la comunidad LGBT+ en México. La mayoría de estas instituciones y organizaciones no solamente se oponen a cuestiones de diversidad sexual, sino que además disputan y se oponen a la noción de que el género sea una construcción social o que existan otras identidades de género más allá del binario hombre/mujer. Sin embargo, en México, así como en otros países, existen comunidades indígenas que tienen diferentes construcciones de género que retan la identidad binaria occidental, como lo demuestran las muxes en Oaxaca,[23] solo por dar un ejemplo. Como explica el académico Héctor Domínguez-Ruvalcaba (2019), "la política *queer* indígena. . . cuestiona la pretensión universal del sistema occidental de sexo y género en vez de priorizar las prácticas multiculturales de la sexualidad" (34). La idea de que la desestabilización del género o sexualidad es cosa del presente y parte de una agenda política, no podría estar más alejada de la realidad. Diferentes investigaciones han demostrado que durante y después de la colonización un gran número de personas mestizas e indígenas llevaban a cabo actividades sexuales que desafiaban la normatividad impuesta por el orden político y teológico de la época.

Una de las investigaciones a resaltar es la del historiador francés, Serge Gruzinski. En 1986 —año recordado en México por ser la segunda vez que el país era sede de un Mundial— Gruzinski publicó "Las cenizas del deseo. Homosexuales novohispanos a mediados del siglo XVIII". En su texto, el historiador nos presenta casos específicos de la sociedad novohispana en donde personas del mismo sexo mantenían relaciones sexuales. A través de la investigación archivística de Gruzinski conocemos historias de hombres que vestían a la usanza de las mujeres de la época, tenían relaciones sexuales y afectivas con otros hombres y vivían vidas fuera de la normatividad impuesta por el contexto religioso, político y social de su época. Dichas personas abarcaban todos los sectores de la población en México, indígenas, mestizos, mulatos, españoles, etc. (266). Una de las cuestiones más importantes a resaltar de esta investigación es que muestra cómo en esta época había cierta tolerancia del deseo sexual entre personas del mismo sexo, ya que existían lugares específicos y conocidos entre la gente donde se realizaban estas actividades.

A pesar de esta tolerancia, cuando las autoridades intentaban realizar un escarmiento público, se llevaban a cabo castigos sumamente crueles como torturas y asesinatos de personas que cometían sodomía o el "pecado nefando".[24] Es importante mencionar que también existen casos en donde se exhibía deseo corporal y sexual entre mujeres durante la época colonial, aunque de estos haya menos registros (Tortorici 2019). Como bien explica la académica Norma Mogrovejo (2000), al ver que las historias de mujeres son menos que las de los hombres, las relaciones lésbicas son estudiadas con menos frecuencia (27), lo cual también es un indicador de sexismo por parte de los investigadores e investigadoras. Otro de los acontecimientos históricos que exhiben que los deseos homoeróticos y la transgresión de los roles de género no son sucesos contemporáneos en México, es el que se dio a principio del siglo veinte durante la época del porfiriato. Hablamos de la redada policíaca que se realizó a una fiesta privada el 18 de noviembre de 1901 en lo que ahora conocemos como la Ciudad de México. Aquella celebración sería conocida como el baile de los cuarenta y uno.

El escritor Miguel Capistrán (2018) explica en su ensayo "Un día como hoy hace más de un ciento", que en esta redada fueron arrestadas 41 personas. Diecinueve de los hombres iban vestidos de mujer cuando fueron sorprendidos por las autoridades (31). El hecho de que estas fiestas se realizaran, nos indica que siempre han existido espacios y lugares donde se practicaban sexualidades múltiples, tal como sucedía en la época novohispana. Los presentes en el baile de los cuarenta y uno recibieron castigos ejemplares, lo cual se realizó para mandar un mensaje contundente a quienes como ellos llevaban a cabo estas prácticas. Diecinueve de los presentes en el baile fueron enviados a Yucatán para realizar trabajos forzados (Capistrán 2018, 33) y todos recibieron el escarnio social. Sus nombres y fotografías aparecieron en los periódicos de la capital mexicana. El mismo José Guadalupe Posada ilustró la noticia a manera de burla con el título "Los 41 maricones; muy chulos y coquetones". Todavía, incluso después de más de cien años, la mofa y denigración hacia las personas LGBT+ es común. Asimismo, incluso cuando hay gente que desconoce la historia de lo que ocurrió en esa fiesta, en el imaginario colectivo mexicano se ha mantenido el número 41 como referencia de burla y homofobia.

El movimiento lésbico-gay en México

La represión social, aunada a los acontecimientos políticos que se produjeron en las siguientes décadas, llevó a la mayoría de las personas a esconder sus deseos homoeróticos; aunque esto no significa que no hubiera resistencia individual. No obstante, fue hasta mediados del siglo veinte que se generó un movimiento organizado ya con una conciencia activista y con una identidad colectiva. Los académicos Lucinda Grinnell y Jordi Diez han llevado a cabo extensas investigaciones sobre el movimiento lésbico-gay en México. Ambos sitúan la primera etapa de este a finales de la década de los setenta. Durante esta década el país estaba experimentando lo que Diez (2011) explica como una apertura política en el régimen mexicano (692) que permitió que hubiera más tolerancia en temas de sexualidad, incluyendo la diversidad sexual. Como se mencionó anteriormente, los años sesenta y setenta fueron claves para los movimientos sociales en diferentes partes del mundo, incluyendo a México. Grupos de activistas formados por lesbianas y gays usaron la solidaridad internacional para clamar justicia y protestar la represión que padecía la comunidad lésbico-gay en el país (Grinnell 2016, 79).

El movimiento para mejorar los derechos lésbico-gays ocurría paralelo al éxito del futbol femenil en México, que como ya se comentó en el primer capítulo, vivió años de esplendor en la década de los setenta con la generación de "La Pelé" Vargas y "La Peque" Rubio. Fue por esta época, en 1974, que Nancy Cárdenas, académica, locutora, actriz, poeta y dramaturga, fundó la primera organización homosexual en México, el Frente de Liberación Homosexual (FLH). Diez (2011) mantiene que la primera etapa del movimiento de liberación homosexual mexicano se dio de 1978 a 1984 (692). No es coincidencia que esta etapa del movimiento sufriera cambios a mediados de los años ochenta, ya que fue en ese tiempo cuando se presentaron los primeros casos de VIH/SIDA en México y sería a partir de 1985 que la epidemia tendría un crecimiento exponencial en el país (Ponce de León Rosales y Lazcano Araujo 2008, 19). Esto haría que la acción social y política cambiara, puesto que estos casos, las muertes y la incertidumbre, cimbraron a las organizaciones gays.

En la época en la que México organizaba y tenía su segunda Copa Mundial en casa, los activistas LGBT+ buscaban diferentes maneras de recolectar y promover la información sobre el VIH/SIDA. Al mismo tiempo, estos generaban recursos económicos para cuestiones médicas que ayudaran a personas afectadas. Esta etapa fue una de las más difíciles para los movimientos a favor de la diversidad sexual. De igual modo, uno de los factores que más impacto tuvo en el movimiento lésbico-gay fue la cuestión de los derechos humanos. Grinnell explica que organizaciones como Lambda (Grupo Lambda de Liberación Homosexual), "adoptó la retórica transnacional para así poder reclamar los derechos de homosexuales y lesbianas como derechos humanos" (Grinnell 2016, 78). No todos los grupos activistas estaban de acuerdo en utilizar la estrategia de los derechos humanos, puesto que esto se relaciona con el neoliberalismo.[25]

Sin embargo, esta estrategia fue utilizada por diferentes grupos, ya que cuando México entró en el Tratado de Libre Comercio de América del Norte, en 1994, el gobierno estadounidense hizo hincapié en que se respetaran los derechos humanos —para muchos activistas esta fue una clara estrategia neoliberal—. Los desacuerdos ante la manera en que los grupos de activistas enfrentaban la globalización creó fracturas en estos; a pesar de ello, las luchas continuaron en el siglo veintiuno. Es así como los movimientos colectivos y esfuerzos individuales presentes en el país desde hace décadas han hecho posible que las mexicanas y mexicanos que son parte de la comunidad LGBT+ posean ahora derechos que antes parecían inimaginables. No obstante, es importante recordar que la lesbofobia, homofobia, transfobia, y otros tipos de discriminación en contra de las personas de esta comunidad siguen, prevaleciendo en México.

A pesar de contar con más derechos y de que la ley ampara a las personas LGBT+, todavía existen trabas, procesos adicionales y estigmas en algunas entidades para que se reconozca el derecho de las personas trans a rectificar sus documentos oficiales, para obtener acceso a instituciones de seguridad social y vivienda y para tener el derecho a llevar a cabo una adopción homoparental. Además, como se mencionó anteriormente, las personas *queer* en México tienen riesgos muy altos de sufrir algún tipo de crimen de odio. Esto a pesar de que la población LGBT+ tiene cada vez más visibilidad en la sociedad. En 2021 más del 5 por ciento de la población mexicana, mayor de los 15 años, se identificaba como LGBT+ (INEGI "Conociendo la población"). Aunque esta estadística pueda sorprender a algún lector, ya que equivalía a seis millones de habitantes, la realidad es que un gran número de personas deciden no hacer pública o compartir su identidad de género o su sexualidad debido a las repercusiones que esto pueda llegar a tener en ámbitos tanto personales como profesionales. Por lo tanto, este número podría ser todavía mayor. Ahora bien, más allá de números y estadísticas, México es un país que históricamente ha desafiado la hetero-normatividad que se le ha tratado de imponer a través de discursos religiosos, culturales y políticos. La resistencia y resiliencia son características esenciales de esta comunidad. No obstante, esto no es algo que se deba romantizar. Las personas LGBT+ en el futbol, y en general, deberían poder vivir una vida libre de violencia y de discriminación.

La diversidad sexual en el futbol femenil

A diferencia de lo que ocurre en el futbol varonil, en donde pocos futbolistas en activo salen del clóset públicamente, un gran número de jugadoras profesionales son consideradas como estandartes de la comunidad LGBT+. Entre las más populares internacionalmente se encuentran las estadounidenses y campeonas del mundo: Abby Wambach, Megan Rapinoe, Ali Krieger y Ashlyn Harris, la australiana Sam Kerr, las danesas Pernille Harder, Magdalena Eriksson y la española Mapi León, solo por mencionar algunos ejemplos. Algunas de las mencionadas son además activistas por los derechos LGBT+, como el caso de Rapinoe. La estadounidense se ha opuesto públicamente a que las escuelas de su país prohíban a las personas trans competir en equipos que no coincidan con el sexo que se les fue asignado al nacer. La dos veces campeona del mundo y medallista olímpica ha comentado en diferentes ocasiones que lo más importante a considerar, cuando se trata de la inclusión de personas trans en los deportes, es el bienestar mental y emocional de quienes están experimentando prohibiciones en las escuelas públicas estadounidenses, más allá de los deportes de élite o profesionales.

En general, las jugadoras/activistas estadounidenses y extranjeras como Rapinoe han tenido un gran efecto en sus homólogas mexicanas y mexicanos. Esto mismo ocurrió con los primeros grupos de activistas lésbico-gays mexicanos, quienes se vieron influenciados por los movimientos que ocurrían en el extranjero. Es importante mencionar que algunas de las jugadoras que más abogan por los derechos LGBT+ en el futbol mexicano crecieron y fueron educadas académicamente en los Estados Unidos, como lo son las ya mencionadas Janelly Farías y Bianca Sierra, ambas nacidas en California. Estas dos jugadoras son, sin duda, unas de las representantes más visibles de esta comunidad en el futbol mexicano, además de ser unas de las futbolistas más experimentadas de la Liga MX Femenil. No obstante, a pesar de estar influenciadas por movimientos extranjeros, en México se han creado ideologías y activismos orientados a las especificidades nacionales y locales. Estas suelen diferir de la universalidad usualmente otorgada al movimiento LGBT+.

Existen elementos en la cultura mexicana que tienen un impacto determinado en las experiencias de las personas LGBT+, como lo son la familia y las instituciones religiosas, específicamente el catolicismo. Esto es algo que se ha dialogado a través de los estudios *queer* latinoamericanos en los cuales se "translocan los discursos y las prácticas culturales entre los debates radicales occidentales y las realidades problemáticas de la población latinoamericana *queer*" (Domínguez-Ruvalcaba 2019, 19). Como se desarrolla más adelante, la familia suele tener un rol fundamental en el desarrollo tanto positivo como negativo de las identidades *queer* en la cultura mexicana, incluyendo en la vida de muchas futbolistas, quienes han abordado el tema públicamente.

"El problema" de las lesbianas en el futbol mexicano

En 2022 se anunció a Andrea Rodebaugh como la nueva directora general de selecciones nacionales femeniles. Rodebaugh ha tenido un gran impacto en el futbol femenil mexicano, no solamente como jugadora sino también como entrenadora y desarrolladora de nuevos talentos. Su academia, Andrea's Soccer, ha generado oportunidades para que jóvenes practiquen el deporte que les apasiona y algún día, quizá, poder jugar profesionalmente. Yamile Franco, campeona con las Rayadas del Monterrey, fue parte de la escuela de Rodebaugh (Añorve 2019), por ejemplo. La designación de Rodebaugh ha tenido frutos positivos. La selección femenil sub-17 ganó el Campeonato Femenino de la Concacaf en 2022 y la categoría sub-20 también ganó el Campeonato Femenino de la Concacaf en 2023. Asimismo, la selección mayor se alzó con las medallas de oro en los Juegos Centroamericanos y Panamericanos de 2023.

Como se mencionó en el primer capítulo, Rodebaugh participó en una entrevista publicada en 2007 en donde un grupo de futbolistas mexicanas discutían sus experiencias en el futbol femenil. En la última parte de esta conversación se aborda el tema del lesbianismo en el futbol. La ahora directora de selecciones femeniles explica: ". . . que hay un porcentaje alto de lesbianismo en el futbol femenil, uno que no refleja a la sociedad" (Osorio y Moreno 2007, 109). Es importante resaltar que la entrevista fue hecha hace diecisiete años y que la perspectiva de Rodebaugh sobre este tema parece haber cambiado con el tiempo, como se mencionará más adelante. Sin embargo, en esta entrevista Rodebaugh va más allá y dice que ha sido testigo de que muchos entrenadores en otros países consideran el lesbianismo como "el problema" (énfasis dado en la entrevista original) del futbol femenil (108).

A través de toda esta conversación hay infinidad de anécdotas y comentarios que muestran el compromiso de Rodebaugh y las demás futbolistas entrevistadas por validar el rol de la mujer en este deporte. Sus vivencias representan el esfuerzo de muchas otras mujeres que por años han buscado la equidad en el deporte. Al mismo tiempo, los comentarios de Rodebaugh muestran aspectos del feminismo hegemónico heteronormativo que no emplea un pensamiento interseccional. Sin embargo, la observación que hace Rodebaugh de que "hay un índice muy alto de lesbianismo en el futbol femenil de México" (Osorio y Moreno 2007, 109) nos lleva a preguntarnos por qué incluso diecisiete años después de esta entrevista las futbolistas representan una visibilidad lésbica y/o *queer* que las personas mexicanas no vemos en otros espacios públicos. En el entretenimiento popular mexicano, como en la televisión o en el cine, rara vez aparecen conductoras, actrices, o personajes lésbicos o mujeres *queer*.[26] De hecho, no fue hasta 1973 que una mujer se identificó como lesbiana en televisión nacional cuando Nancy Cárdenas dijo ser homosexual en el noticiero *24 horas* de Jacobo Zabludovsky.

Existen pocos casos en donde una mujer "famosa" mexicana haya salido del clóset o se identifique en medios de comunicación como parte de la comunidad LGBT+. No obstante, en el futbol abundan las mujeres que públicamente no se adhieren a la heterosexualidad. Se puede argumentar que una de las razones por las que esto sucede es porque en los deportes existe un sentido de comunidad, sororidad y confianza que no se da en otros ámbitos de competencia o de desempeño individual. Este sentimiento puede facilitar que las jugadoras, no solo de futbol, sino de cualquier otro deporte colectivo, salgan del clóset ya sea públicamente o con sus compañeras. Evidentemente, y como se ha explicado anteriormente, en los equipos varoniles esto no sucede tan a menudo debido a que la hipermasculinidad es vista como un requisito en muchos deportes. Que un jugador admita que es parte de esta comunidad vulnera la masculinidad hegemónica desde una perspectiva heteropatriarcal y puede repercutir no solo en su estabilidad física y mental, sino también en su carrera deportiva.

De igual modo, las teorías de amistad y comadrazgo de la académica chicana, Catriona Rueda Esquibel, ayudan a entender las dinámicas de sexualidad en el futbol femenil. Si bien, ella aborda las relaciones lésbicas en la literatura, considero que sus observaciones nos permiten crear paralelos con las futbolistas mexicanas. Para Rueda Esquibel (2006), "la niñez es un espacio y un tiempo antes de la imposición de la heterosexualidad normativa y, como tal, proporciona un lugar para que [se] escenifiquen los deseos lésbicos. . ." (94).[27] Esto es importante considerar, ya que muchas de las jugadoras que ahora muestran identidades *queer* han pasado sus primeros años de formación personal y futbolística en espacios que no son tan vigilados por el lente heteronormativo característico de la cultura mexicana. Como indica Rueda Esquibel, las amistades femeninas son percibidas socialmente como inofensivas e inocentes y esto "proporciona un espacio, aunque sea restrictivo, para el deseo lésbico" (125).

Ahora bien, el hecho de que no haya "tantas" lesbianas fuera del clóset en otros ámbitos laborales o sociales no significa que estas no existan. Como lo menciona la futbolista Edurne Fernández en la entrevista mencionada anteriormente: "De que hay gente que es homosexual la hay, pero en todos los sectores, en todos los niveles, no solo en el futbol femenil. No es una característica, no es un requisito para jugar futbol" (Osorio y Moreno 2007, 108). Aunque el futbol no convierte a las niñas en lesbianas, ni promueve el lesbianismo, sí puede ofrecer un espacio con más libertad en donde la heteronormatividad no es impuesta como en otros grupos. Asimismo, la visibilidad que existe en el futbol femenil en cuanto a diversidad sexual crea un sentido de comunidad para las lesbianas y mujeres *queer*.

Amor es amor: la historia de Bianca Sierra y Stephany Mayor

Para muchas aficionadas y aficionados del futbol femenil en México, Stephany Mayor es sin duda una de las mejores jugadoras mexicanas de la historia. La calidad de esta futbolista es indiscutible. La originaria de Azcapotzalco, Ciudad de México, ha sido pieza clave para el éxito de la Liga MX Femenil y de su equipo, Tigres femenil. Bianca Sierra, por su parte, ha tenido una carrera sumamente exitosa, desde su paso por la escuela preparatoria en California como en su trayectoria por el futbol colegial en Auburn University y después en la NWSL. Ambas jugadoras son posiblemente las primeras atletas profesionales en salir del clóset públicamente en la historia de México. No solamente eso, sino que las jugadoras se comprometieron en 2018, se casaron en 2022 y un año después anunciaron que serían mamás de dos bebés. El contexto histórico y cultural que se ofreció en las páginas anteriores nos permite imaginar los desafíos que estas mujeres han experimentado para poder vivir su vida libremente en México. La valentía que ambas jugadoras han mostrado en casi una década de relación ha servido para que su historia —como la de otras futbolistas— valide y amplifique la experiencia de cientos de aficionadas, lesbianas y mujeres *queer* mexicanas.

Sin duda alguna, el cariño y admiración que ambas jugadoras reciben de la afición de Tigres y del resto de los equipos en México, a través de redes sociales o en los estadios, es impresionante. Por ejemplo, la publicación que las futbolistas compartieron anunciando su boda —una de las fotografías incluidas muestra a las dos mujeres besándose— ha generado 33 585 "me gusta" en Instagram. Por su parte, el set de fotografías donde las jugadoras anunciaron su embarazo cuenta con más de 43 000 reacciones de me gusta en esta misma red social. Pero, esto no siempre ha sido así. El camino para que las jugadoras pudieran vivir de manera pública su relación no ha sido fácil, por el contrario. Un artículo del periódico estadounidense *The New York Times*, publicado en el 2017, relata la historia de las futbolistas y su exilio a Islandia para compartir equipo y vivir su relación con más libertad. Mayor firmó primero para el equipo islandés, Þór/KA, en 2016 y Sierra se incorporó poco tiempo después. Como es sabido, en Islandia se legalizó el matrimonio entre personas del mismo sexo desde el año 2010; incluso, la exministra del país, Jóhanna Sigurðardóttir, fue la primera mujer abiertamente lesbiana en liderar un gobierno en la historia moderna. Islandia, inevitablemente, invitaba a una tranquilidad emocional que quizá en otros lugares no existía.

Su partida a ese país no se debió solamente a la lesbofobia que las jugadoras sentían por parte de los aficionados en ese tiempo; una fotografía donde Sierra comentó "mi mundo" refiriéndose a Mayor recibió mensajes como "aquí donde vivo yo ya mi gente te hubiesen agarrado y ya te la estuviesen cortando" (@ KatheRodHutson 2016). Esto también se debió al ambiente hostil que ambas jugadoras vivieron en la selección nacional. Como ya se mencionó, el entrenador nacional, Leonardo Cuéllar, se mantuvo en su cargo por 18 años; de hecho, fue él quien reclutó a Sierra para jugar en la selección sub-20 de México en 2010 (Vilchis 2017). De acuerdo con el testimonio de las jugadoras, en 2015 Cuéllar les pidió a las seleccionadas nacionales que fueran parejas que no exhibieran sus relaciones. En *The New York Times* se narra el evento de la siguiente manera: "Él nos dijo: 'No me importa si son novias o no, pero no quiero verlas tomadas de la mano o haciendo escenas', recordó Mayor. Como ella y Sierra eran la única pareja del equipo, dijo, todas sabían que la orden de Cuéllar estaba dirigida a ellas" (Vilchis 2017).[28] A partir de ahí las jugadoras sintieron más presión cuando jugaban para el entrenador y en convocatorias futuras no participaron con el equipo nacional.

Unos años después se puede decir que las cosas han cambiado enormemente en la selección nacional mexicana, así como en la Liga MX Femenil, en cuanto a diversidad sexual. Tanto es así que estas jugadoras han recibido constante apoyo público por parte de su ahora institución, Tigres, y del equipo nacional. Esto no exime a que en algunas ocasiones se presenten comentarios lesbofóbicos en reportajes o publicaciones de estas dos futbolistas, sobre todo cuando los medios que las publican no están enfocados en el futbol femenil. No obstante, las cuentas oficiales de Tigres femenil en redes sociales han compartido múltiples fotografías y mensajes felicitando y apoyando a la familia que componen las jugadoras y sus dos bebés. Asimismo, la institución apoyó a Sierra en su embarazo en cuestiones de entrenamiento y preparación. La futbolista entrenaba con sus compañeras durante su embarazo y acompañó a su equipo, y a su esposa, en la mayoría de sus partidos. Además de apoyar públicamente a estas jugadoras en cuestión de diversidad sexual, Tigres mostró un gran compromiso respaldando la maternidad de sus futbolistas. Incluso, Sierra y miembros de esta institución inauguraron una cabina de lactancia en su estadio para el uso de trabajadoras, futbolistas y aficionadas, la única en los 18 estadios de primera división mexicana.[29]

La selección mexicana ha tenido gestos públicos con estas futbolistas de gran relevancia. Además de las constantes fotografías y mensajes de apoyo a Sierra y Mayor, publicó en redes sociales un minidocumental donde las futbolistas narraban sus experiencias al decidir convertirse en mamás y las implicaciones que esto tenía tanto en lo personal como en lo profesional. En este video queda evidenciado que tanto el entrenador de la selección, Pedro López, como la ahora directora general de selecciones femeniles, Andrea Rodebaugh, apoyaban completamente a las jugadoras. En el caso de esta última, queda claro que su postura en cuanto a las futbolistas lesbianas está muy distante a lo que comentó en aquella entrevista de 2007.

La decisión de Mayor y Sierra de formar una familia ha requerido gran valentía teniendo en cuenta que la opinión en general de los mexicanos en cuanto a que las parejas LGBT+ tengan sus propias familias no es del todo positiva. Según la Encuesta Nacional sobre Diversidad Sexual y de Género

(ENDISEG) realizada por el INEGI (Instituto Nacional de Estadística y Geografía), en 2021 el 56 por ciento de las personas encuestadas con orientación sexual y/o identidad de género considerado como normativa no estaban de acuerdo en que las parejas del mismo sexo (gays o lesbianas) se les permitiera adoptar niñas y/o niños (INEGI "Encuesta nacional"). Si bien las jugadoras no realizaron un proceso de adopción, la idea general de que las personas LGBT+ formen familias no es completamente aceptada en México. Hacerlo, además, como figuras públicas las vuelve más vulnerables a la discriminación y el odio tanto en línea como en persona.

Después del nacimiento de sus bebés, Mayor recibió críticas por parte de algunos aficionados y periodistas por su rendimiento en las canchas y se llegó a insinuar que la futbolista estaba "distraída" con asuntos personales. Sin embargo, la futbolista fue fundamental en los partidos de liguilla de su equipo, metiendo goles en todas las fases: cuartos de final, semifinal y final. Su desempeño, y el de sus compañeras, las llevó a ganar nuevamente el campeonato de liga. Un día después de la final Sierra compartió imágenes de la celebración junto a su familia y sus compañeras de equipo y agregó: "Siempre hemos dicho que juntas somos más fuertes. Y así es. Toda la gente y comentaristas que dijeron que no puedes ser mamás y futbolista exitosa que tenemos distracciones. . . pues ahí está la SEXTA. Te amo Stephany Mayor eres la mejor MAMÁ y FUTBOLISTA del mundo [*sic*]" (@biancasierra3 2023). Las palabras de Sierra evidencian la doble moral que existe sobre la maternidad/paternidad en los deportes, específicamente en el futbol, puesto que es muy raro que aficionados y periodistas utilicen la paternidad para criticar el desempeño de un futbolista varón. Sierra y Mayor son un ejemplo de que las futbolistas —y atletas en general— pueden combinar el deporte con la maternidad, pero que también se necesita un cambio estructural y apoyo por parte de sus instituciones. En este sentido, Tigres femenil no solo muestra su importancia en el futbol femenil en términos de títulos, sino también en cuestiones de equidad.

La visibilidad que Mayor y Sierra le otorgan a la comunidad LGBT+ trasciende las fronteras nacionales. Como parte de la portada de este libro, la ilustradora mexicana Aline Andraca ha recreado una imagen icónica que resalta la diversidad del fútbol femenil. Esta ilustración, que corresponde a la imagen 2 de este libro, está inspirada en una fotografía de Eloísa Sánchez de Alba en la que Sierra y Mayor, capitana del equipo mexicano en ese partido, celebran un gol durante un partido de la Selección Nacional Mexicana en el Estadio Azteca. Esta imagen posee un alto valor simbólico, ya que ambas mujeres muestran su amor vistiendo la camiseta nacional en el estadio más emblemático de México.

Imagen 2. Imagen hecha por la ilustradora, Aline Andraca, basándose en la fotografía de Eloísa Sánchez de Alba.

La generación que está cambiando el futbol en México

Durante el mes del orgullo gay en 2023, Janelly Farías compartió un mensaje de apoyo a la comunidad LGBT+ junto con una fotografía besando a su entonces novia, la también futbolista Rebeca Bernal.[30] Por mucho tiempo, tanto Farías como Bernal compartían fotografías y momentos juntas en redes sociales. De hecho, Farías es una de las atletas mexicanas/mexicoamericanas que más abogan por los derechos de las personas LGBT+. Ahora bien, igual de importante como lo es que las jugadoras compartan momentos de su vida personal y profesional asumiendo su identidad lésbica o *queer* lo es también el hecho de incluir sus experiencias en la historia escrita. Anteriormente se mencionó que la documentación histórica sobre las lesbianas y las relaciones lésbicas son difíciles de encontrar. Mogrovejo (2000), quien ha dedicado décadas al estudio del lesbianismo, incluso haciendo el trabajo que ella llama de arqueología,[31] indica:

> Otra de las principales razones de por qué se conoce poco sobre las lesbianas y el lesbianismo se debe a que las propias lesbianas han escrito poco sobre sí mismas. Además de ser esta una limitante de las mujeres en general y la gran mayoría de los sectores marginados, limitadas por la censura de la moral, la religión católica, la ley,

etc., las lesbianas han permitido (llámese por omisión o censura social) que se sepa más de ellas por los escritos hechos por hombres heterosexuales que las analizan como objetos clínicos, inmorales o como personajes sexuales que enarbolan las fantasías de morbo. (27)

Farías ha ido más allá de la visibilidad a través de las redes sociales y ha dejado su testimonio escrito en diferentes medios. En el 2019 la futbolista escribió el artículo de opinión "Soccer Does Not Need to Be a Bastion of Hate and Homophobia" ("El futbol no tiene por qué ser un bastión de odio y homofobia") para la revista *The Advocate*. Esta es la revista de temas y noticias LGBT+ más antigua de los Estados Unidos.

En su artículo Farías relata haber sido rechazada por su familia, particularmente por su padre, debido a su orientación sexual:

Un día mi papá me dijo las palabras más feas, las más dolorosas que cualquier hija podría escuchar: que ya no era su hija. Eso me rompió por completo, junto con otras palabras dañinas de mis hermanos y mi mamá. Ahora sé que su intención nunca fue lastimarme, pero las implicaciones de las palabras y de las acciones dolorosas tienen impacto, sin importar la intención. Caí en una gran depresión, llena de ansiedad, paranoia, insomnio, pérdida de apetito y pensamientos suicidas. Llegué a un punto en el que incluso tenía un plan para acabar con mi vida. (Farías 2019)[32]

El testimonio de la futbolista es importante porque refleja lo que muchas lesbianas mexicanas, o lesbianas étnicamente mexicanas que viven en los Estados Unidos, experimentan al ser rechazadas por sus familias. Farías explica en su testimonio que la cultura mexicana, es decir la heteronormatividad que rige a esta, era una de las cuestiones que no le permitía a su familia aceptarla en un principio. El machismo y la lesbofobia/homofobia presentes en esta cultura es uno de los impedimentos para que las lesbianas y personas de la comunidad LGBT+ puedan tener estabilidad emocional. A diferencia de otras culturas en donde se fomenta la individualidad, en la cultura mexicana la colectividad y la familia suelen ser factores fundamentales en la construcción de la identidad de las personas.

En muchos de los casos, las personas LGBT+ sufren de una presión familiar que se puede examinar usando la metáfora del panóptico desarrollada por el historiador Michel Foucault. En *Vigilar y castigar* (2002) Foucault analiza los sistemas de poder de una sociedad tomando como base el panóptico de Jeremy Bentham. Este diseño arquitectónico, pensado como un sistema carcelario, contiene una torre situada en el centro desde donde se puede vigilar a quienes se encuentran encarcelados por quebrantar las normas establecidas, ya sea por ser considerados como criminales, enfermos mentales, etc. Foucault utiliza la metáfora de este diseño para ejemplificar las sociedades modernas y sus sistemas de vigilancia. Lo más importante de este sistema es "inducir en el detenido un estado consciente y permanente de la visibilidad que garantiza el funcionamiento automático del poder" (185). Esto resulta vital, ya que en este tipo de sistema las personas dentro del espacio observado aprenden a autorregularse, puesto que se saben constantemente observadas. En este sentido, la familia puede llegar a convertirse en una especie de panóptico en la que el individuo de adentro se reprime al sentirse constantemente vigilado. En el caso de las personas LGBT+ la vigilancia y el control, aunado al rechazo familiar, puede convertirse en un detonante que desencadena en problemas de salud mental y en abuso de sustancias (Kim y Feyissa 2021). Desafortunadamente, también puede llevar al suicidio.

Este es uno de los temas que más preocupa con relación a la salud mental entre las y los jóvenes LGBT+ en México. Según la ENDISEG, en el 2021, 1.4 millones de personas LGBT+ mayores de 15 años pensaron en suicidarse. Es decir, el 26 por ciento de la población de esta comunidad consideró un intento de suicidio. Estos números son alarmantes, como lo es el hecho de que todavía existan intentos para reprimir e intentar "curar" a las personas LGBT+. Los llamados esfuerzos para corregir la orientación sexual e identidad de género (Ecosig), o más comúnmente conocidas como terapias de conversión, no son cosa del pasado. El Senado de México aprobó reformas al Código Penal Federal para sancionar con penas de cárcel y multas a quienes realicen estas "terapias" apenas en abril de 2024. Muchas de las personas que acudían a estas se veían obligadas a asistir, ya sea por la presión social/ familiar, o por una homofobia internalizada que promueve el odio contra sí mismas.

El testimonio de Farías refleja la ansiedad y la desolación que sufrió ante el rechazo familiar, pero también resalta la manera en la que pudo salir adelante. La futbolista explicó en su texto que además de confrontar a su familia, encontró apoyo en sus compañeras de equipo, quienes la hicieron sentirse en confianza. Este tipo de relaciones afectivas entre compañeras de equipo se pueden convertir en las familias alternativas que son tan comunes dentro de la comunidad LGBT+. Diversas investigaciones sociológicas y médicas han resaltado la importancia de las familias alternativas, o elegidas, dentro de esta comunidad. Generalmente, en estas reconfiguraciones del concepto de familia existe una responsabilidad y un compromiso por garantizar consuelo en tiempos difíciles además de fomentar el sentido de pertenencia (Kim y Feyissa 2021). Los equipos de futbol pueden convertirse en un sistema de apoyo similar a una familia, una que provee un soporte emocional individual y colectivo. Esto hace que el ambiente sea más propicio para salir del clóset y vivir una vida más auténtica y segura.

Testimonios como el de Farías provee a otras lesbianas y miembros de la comunidad con un ejemplo de resistencia y resiliencia ante la lesbofobia y la adversidad. En el siguiente capítulo se analiza a fondo el futbol femenil mexicano y su relación con EE. UU. Por ahora es importante mencionar que este tiene impacto en los Estados Unidos, no solamente por el intercambio de futbolistas que se ha dado en las últimas temporadas, sino también por la afición que apoya a los equipos mexicanos en Estados Unidos. Muchos equipos de la Liga MX Femenil tienen seguidores en dicho país, como los equipos fronterizos o los que históricamente han sido apoyados por los inmigrantes mexicanos. Farías ha jugado en las dos instituciones mexicanas más populares, Chivas y América, lo cual le ha otorgado una gran base de seguidoras y seguidores, más de 260 000 en sus redes sociales.

Así como Farías, las lesbianas o mujeres *queer* mexicoamericanas han estado expuestas —además de la homofobia y el racismo que pueden llegar a sufrir individualmente— a una retórica de odio por parte de los sectores más jerárquicos de los Estados Unidos. Durante los últimos años se han incrementado las opiniones que sitúan a las personas mexicanas e inmigrantes como una de las razones principales de los problemas económicos del país. Asimismo, Mike Pence, el vicepresidente de EE. UU. durante el gobierno de Donald Trump, tiene un récord notable de propuestas de leyes y acciones homofóbicas tanto en el estado que fue gobernador, Indiana, como en el país. Mientras se escriben estas páginas, el ataque contra las personas LGBT+ sigue incrementando en los Estados Unidos, con leyes como la llamada "Don't say Gay"[33] del gobernador de Florida, Ron DeSantis.

Actualmente en EE. UU. existe un número récord de políticas anti-LGBT+. Este tipo de retórica y leyes ponen aún más en peligro la estabilidad física, psicológica y emocional de las personas de esta comunidad, incluyendo a las personas mexicoamericanas. The Trevor Project, la organización nacional en EE. UU. que proporciona intervención para situaciones de crisis y suicidio a los miembros de la comunidad LGBT+, realiza una encuesta nacional cada año en torno a la salud mental de este grupo. El reporte del 2023 arrojó que el 41 por ciento de los jóvenes LGBT+, de 13 a 24 años, consideraron seriamente un intento de suicidio. Asimismo, entre las personas jóvenes trans, no binarios y/o de color (en este último grupo se encuentran las personas latinas) se reportaron tasas más altas que en el resto de las personas ("2023 U.S. National Survey").

El testimonio de Farías representa y valida también a esta población. Al mismo tiempo, la futbolista está dejando una huella escrita en la historia de las lesbianas mexicanas y mexicoamericanas; puesto que como lo establece Mogrovejo (2000): ". . . mientras las lesbianas no escriban sobre sí mismas, seguirán viviendo su propia prehistoria" (27).

La Liga MX Femenil da pasos agigantados en temas de diversidad

Uno de los aciertos administrativos más significativos del futbol mexicano fue seleccionar a Mariana Gutiérrez como la directora de la Liga MX Femenil en 2019. Mucho del éxito y de la evolución que ha tenido la liga han sido impulsados por Gutiérrez, quien fue futbolista, está certificada como directora técnica y tiene una preparación destacable con relación a la administración deportiva. Aunque Gutiérrez remarca constantemente el crecimiento del futbol femenil en México, sigue apelando a la inversión del deporte femenil en el país. Además de su evolución deportiva, la Liga parece estar avanzando rápidamente en cuestiones de diversidad sexual. En sus redes sociales constantemente aparecen imágenes de parejas de futbolistas celebrando sus logros en la cancha y fuera de esta. Esto también ha producido que los equipos de la Liga hagan lo propio. El Club América Femenil, por ejemplo, felicitó a través de sus redes sociales a su exjugadora, Andrea Falcón, cuando la española se comprometió con su pareja, Carla Puig. En el mensaje se podía leer: "Que este amor esté lleno de alegría, las esperamos siempre en México y siempre serán Águilas" (@AmericaFemenil 2023)

Al mismo tiempo, cada vez más jugadoras comparten sus relaciones con otras mujeres, ya sea con jugadoras o con personas que no son parte del ámbito futbolístico. Como ya se explicó, esta visibilidad es fundamental, tanto para las jugadoras como para las aficionadas. La portera del equipo fronterizo Xolos de Tijuana, Alejandra Gutiérrez, constantemente comparte fotografías e historias con su novia, la también futbolista Daniela Espinosa.[34] Durante el mes del orgullo gay de 2023 la portera contestó preguntas de sus seguidoras y seguidores en su cuenta de Instagram respecto a *pride*. En sus contestaciones explicó su proceso de salir del clóset y dio ánimos a quienes no han podido hacerlo todavía. Todas sus respuestas iban acompañadas de fotografías de ella y de Espinosa. Una de las preguntas que le hicieron hablaba sobre el rechazo familiar y cómo lograr la aceptación de seres queridos cuando eres gay. La jugadora contestó con lo siguiente:

Es un proceso muy difícil y doloroso, la mayoría pasamos por eso. Todas las familias son diferentes, algunas tardan mucho tiempo en procesar la situación, sin embargo existen métodos que pudieran ayudarte, acércate con expertos y ellos podrían ayudarte a ti y a tu familia. Todo tiene solución, todo pasa y mejora, confía. (@alegutierrez 2023)

Teniendo en cuenta la hostilidad a la que están expuestas las personas LGBT+, este tipo de interacciones puede llegar a generar un sentido de esperanza. Las estadísticas mostradas anteriormente, sobre el suicidio y la salud mental, resaltan la importancia de tener referentes que muestren empatía y que validen, de alguna forma, la experiencia de otras personas *queer*.

De igual manera, las jugadoras de Rayadas han protagonizado momentos de apoyo a la comunidad *queer* durante sus partidos, como cuando ayudaron a una aficionada a pedirle matrimonio a su novia. Al final de uno de sus partidos las jugadoras de Monterrey sostuvieron una manta con la petición mientras cientos de aficionadas y aficionados celebraban con la pareja. De acuerdo con la directora de la Liga de Futbol Femenil, Mariana Gutiérrez, un tuit de La Liga MX Femenil con el texto "este campeonato se celebra con amor" acompañado con una fotografía donde Rebeca Bernal celebraba el campeonato de Monterrey femenil besando a Janelly Farías es el tuit con más retuits en la historia de la Liga (Fernández 2022). Todo esto, aunque pudiera considerarse como insignificante en la lucha de esta comunidad por equidad, provee un impacto social en la afición, quienes pueden lograr con sus votos, sus voces y su movilización un cambio en cuestiones legales y sociales en México.

¿Hacia dónde vamos?

Hay equipos como Tijuana femenil que usan los números de sus camisetas con colores del arcoíris toda la temporada y no solamente en junio. Es un gesto pequeño, pero significativo, aunque no se trata solo de colores, puesto que esto no es suficiente para desafiar la homofobia y lesbofobia en el futbol mexicano, o en la cultura del país en general. Los equipos mexicanos deben responsabilizarse por tener políticas internas que fomenten la misma equidad que promueven en sus campañas durante el mes del orgullo, educando a sus futbolistas, a sus aficiones y proveyendo con recursos a organizaciones que fomenten la lucha contra la discriminación.[35] Existen todavía equipos que ni siquiera se han posicionado públicamente como aliados de la comunidad LGBT+, mucho menos tiene políticas para asegurar que en sus clubes no haya discriminación por orientación sexual o por identidad de género. La FMF debe crear protocolos de prevención y de reacción en temas de homofobia/lesbofobia en los estadios, en las redes sociales asociadas con su institución, y en los mismos equipos.

De igual manera, habría que preguntarse qué hará la Liga cuando una futbolista trans quiera jugar en uno de sus equipos. Para esto es necesario contar con asesoría en cuestiones de género que provengan de personas expertas, y mantener un ambiente de inclusión y diversidad, más allá de la opinión pública. Es importante recordar que dentro de la población LGBT+ las mujeres trans son quienes sufren más violencia. Las campañas en las que los equipos usan los colores del arcoíris en sus indumentarias son buenas ya que dan visibilidad, pero estos actos deben tener coherencia y no ser solamente performativos. Las estadísticas que se presentaron anteriormente muestran el riesgo que las personas LGBT+ enfrentan con relación a la salud emocional, y a ser violentadas en México. El futbol femenil mexicano va por buen camino, pero falta mucho aún por recorrer. Es difícil saber si hay más historias de lesbofobia o de represión en la liga mexicana, ya que las jugadoras podrían no sentirse lo suficientemente seguras para alzar la voz por miedo a las represalias. Lo que sí queda claro es que todas y todos los futbolistas, sin importar su orientación sexual o identidad de género, deben de contar con las mismas garantías para practicar el futbol de manera libre y segura.

Familia Sánchez

La familia Sánchez reside en Monterrey, Nuevo León. En esta entrevista participaron la señora María Guadalupe Sánchez Martínez y sus dos hijas, Tania Fernanda Treviño Sánchez y Mariana Elizabeth Moreno Sánchez. Las tres son aficionadas de Tigres Femenil; asisten a todos los partidos de su equipo en el Estadio Universitario y viven apasionadamente la Liga MX Femenil. Tanto las hijas como la mamá interactúan con jugadoras y cuerpo técnico de Tigres Femenil en redes sociales y entrenamientos. Además, su afición a este equipo les ha permitido crear conexiones con la comunidad del futbol femenil mexicano. Las siguientes son respuestas que la familia Sánchez ofreció a la autora en 2023.

Carolina E. Alonso: ¿Pueden contarnos un poco sobre cómo nació su afición por el futbol femenil? ¿Qué tan importante es para ustedes Tigres Femenil y sus jugadoras?

Tania Fernanda Treviño Sánchez: La afición nace del apoyo a Tigres Femenil. En una ocasión viendo la televisión, hace algunos años, me encontré un partido de Tigres Femenil, y recuerdo mucho el juego de Jacqueline Ovalle; y en general, un juego muy vistoso del equipo, atractivo.

La importancia del apoyo a Tigres Femenil es que nos ha servido para unirnos como familia, ya que en familia vamos al estadio a apoyar al equipo, nos reunimos a ver los partidos de visita e incluso a veces aprovechamos para conocer otros lugares y estadios fuera de Nuevo León.

Mariana Elizabeth Moreno Sánchez: Empezó viendo un juego de Tigres en la televisión, y cuando abrieron el estadio después de la pandemia tuvimos oportunidad de ir y desde ahí no hemos dejado ir hasta el momento.

María Guadalupe Sánchez Martínez: Nace como afición varonil, pero al ser femenil nos decidimos a apoyar a las chicas. Cada vez que hay juego esperamos con ansiedad llegue el día como si fuera una fiesta.

C. E. A.: Sé que asisten a todos los partidos de Tigres Femenil en el Estadio Universitario, pero ¿han viajado a algún lugar a ver a su equipo jugar de visitante? ¡Tienen alguna anécdota que les gustaría compartir al respecto?

T. F. T. S.: Sí, hemos tenido oportunidad de viajar a Torreón a un partido vs. Santos, a la Ciudad de México, CDMX, dos veces para partidos vs. Pumas, a Guadalajara para partido vs. Atlas. Cuando viajamos en una ocasión a CDMX, de regreso nos encontramos al equipo ya que viajamos en el mismo avión. Todas muy amables, en especial Fer Elizondo que se acercó por su cuenta a saludarnos, además de que les habló a sus compañeras para hacernos una foto grupal.

M. E. M. S.: He visitado el BBVA que está aquí mismo en Nuevo León, el estadio TSM en Torreón, el estadio Jalisco en Guadalajara y el estadio Olímpico Universitario en CDMX. El visitar estadios fuera de Nuevo León es bonito, conoces a personas que te conectan con una sola cosa, que es el futbol femenil, en especial el equipo, el estar en el juego, festejar goles con personas desconocidas y convertirse en amigos después.

M. G. S. M.: Sí, en algunas ocasiones nos juntamos las chicas y rentamos camioneta y nos vamos al estadio vecino. Otras por vía aérea, y la emoción de llegar y ver los partidos y apoyarlas eso nos da satisfacción y vivimos juego a juego las alegrías y las tristezas, pero siempre apoyando a las Tigres.

C. E. A.: ¿Qué impacto tiene el futbol femenil en su vida cotidiana?

T. F. T. S.: Como válvula de escape es una buena opción, que además te permite estrechar unión familiar y conocer nuevas personas, tanto en redes como en el estadio.

M. G. S. M.: En lo personal, creo que ya lo mencioné es como un día de fiesta, una salida de ir a gritar, apoyar, a sacar el estrés, a divertirnos. Así es el impacto en mi vida.

C. E. A.: Ustedes son aficionadas del equipo femenil más exitoso de México, ¿qué más les gustaría que hiciera la institución? O sea, ¿les gustaría ver a ciertas jugadoras o algo diferente en Tigres?

T. F. T. S.: Que no se pierda esa distinción del juego vistoso y bonito del equipo, que ha encantado a mismos aficionados del club como a aficionados que apoyan a otros equipos en la rama varonil, pero dicen apoyar a Tigres Femenil por su estilo.

M. E. M. S.: Estaría muy bien que Tigres cambiara los días de juego, que fueran en fin de semana, ya sea viernes, sábado o domingo, ya que los lunes es muy complicado por ser inicio de semana de trabajo y las clases en la universidad, además de que no hay tantos estacionamientos disponibles.

M. G. S. M.: Claro, nos gustaría que regresara María Sánchez y conservar a Jacqueline Ovalle siempre en esta institución.

C. E. A.: ¿Cuál es el momento más especial o memorable que han vivido como aficionadas del futbol femenil?

T. F. T. S.: Cada una de las finales a las que hemos podido asistir (Chivas, y América dos veces), ya que la energía, euforia y emoción que se comparte en todo el estadio es única.

M. E. M. S.: Vivir cada campeonato acompañada de mi familia y el tener 2 *jerseys* de jugadoras muy importantes para Tigres Femenil como lo son Jacqueline Ovalle y Alexia Delgado, quien me lo regaló en una semifinal contra rayadas, por lo que fue muy especial para mí.

M. G. S. M.: Especial, cuando se juegan los clásicos en Nuevo León, se juega la pasión, se juega a morir en el campo y nosotras con ellas sin importar las condiciones climatológicas. El apoyo es incondicional e incomparable a las Amazonas.

Notas

1   Este acrónimo representa las siguientes identidades: lesbiana, gay, bisexual y trans. Existen otras identidades de género y sexualidad que se han incorporado a este acrónimo y que son parte de esta comunidad, como lo son pansexual, intersexual y asexual, entre otras. Es por eso que el acrónimo termina con un símbolo de + (más). Hay jugadoras que no se han identificado públicamente con una identidad, pero quienes mantienen abiertamente relaciones afectivas y/o sexuales con otras mujeres; en esos casos en este libro se utiliza el término *queer*, identidad que difiere de la heterosexualidad y/o de la identidad cisgénero. El término *queer* no se tradujo en este libro, pues como explica Héctor Domínguez-Ruvalcaba, el anglicismo es empleado comúnmente por académicos, activistas, y colectivos en Latinoamérica (16).

2   La cita fue traducida del inglés al español por la autora.

3   En este específico enunciado se está utilizando el término "gay" en lugar de "homosexual", ya que como lo explica el académico Jordi Diez, el proceso de salir del clóset implica "la sustitución del término homosexual (práctica sexual) por 'gay' (identidad colectiva)" (691). Hay personas que prefieren el término homosexual, mientras que otras lo consideran como tendencioso o *loaded* por su relación con la medicina. Se cree que el término "homosexual" se utilizó por primera vez por el periodista húngaro Karl-Maria Kertbeny en el siglo diecinueve. Para el siguiente siglo psiquiatras como el alemán Richard von Krafft-Ebing, entre otros, utilizaban el término como una categoría patológica. De hecho, la Asociación Estadounidense de Psiquiatría clasificaba las atracciones hacia personas del mismo sexo, o la homosexualidad, como un trastorno mental, lo cual no cambió hasta 1973. En este libro se utilizan las identidades específicas que las personas han compartido públicamente.

4   Al hablar de masculinidades se está haciendo referencia a las teorías de la académica Raewyn Connell, quien ha trabajado el tema desde hace décadas. Connell y Messerschmidt (2005) nos explican que las masculinidades no se refieren solamente a los hombres, sino a las relaciones de género. Las masculinidades son múltiples y pueden llegar a cambiar con el paso del tiempo y de acuerdo con las culturas. La masculinidad hegemónica supone la subordinación de masculinidades no consideradas como tal.

5   El exjugador de futbol americano y escritor, Don McPherson, publicó el libro *You Throw Like a Girl: The Blind Spot of Masculinity* (2019) en donde explora cómo la cultura deportiva puede proveer y promover definiciones limitadas de las masculinidades y cómo esto puede reflejarse en violencia.

6   El mismo Joseph Blatter, presidente de la FIFA de 1998 a 2015, declaró que las personas de la comunidad LGBT+ que viajaran al Mundial de Qatar deberían abstenerse de cualquier actividad sexual durante el torneo ("Sepp Blatter Says Gay Fans" 2010).

7   La bandera de arcoíris fue creada por el artista gay y *drag queen*, Gilbert Baker, como un símbolo de orgullo para la comunidad LGBT+. Baker escogió el arcoíris porque lo vio como representativo de la diversidad que existe dentro de esta comunidad y porque este representa mundialmente un símbolo de esperanza ("Rainbow Flag").

8   La campaña *One Love*, que se manifiesta en un brazalete que usan las/los capitanas/es de los equipos, fue impulsada en 2020 por la Federación Neerlandesa de Fútbol. La campaña tiene como propósito expresar un mensaje de unión, en cuestiones de diversidad y en

relación con los derechos humanos. El brazalete fue usado antes del Mundial por capitanes/as de selecciones nacionales en competencias europeas.

9   Ver libros como *La patria del gol: fútbol y política en el Estado español* (2007) de Daniel Gómez Amat, *Soccer vs. the State: Tackling Football and Radical Politics* (2011) de Gabriel Kuhn y los libros de Eduardo Galeano *El fútbol a sol y sombra* (1995) y *Cerrado por fútbol* (2014).

10 La cita fue traducida del inglés al español por la autora.

11 La traducción del inglés al español es de la autora.

12 Mapi León habló de su orientación sexual en una entrevista para el periódico español *El Mundo* en el 2018. En el artículo titulado "Mapi León: futbolista, del Barça, de la selección española y lesbiana" la jugadora habla sobre la importancia de combatir la homofobia y el racismo en el futbol (Romo 2018).

13 El término de aliada o aliado, cuando se trata de temas de la comunidad LGBT+, implica un trabajo activo por parte de la persona para lograr avances en la inclusión social de dicha comunidad.

14 En junio de 2023 la selección mexicana varonil perdía contra Estados Unidos 3–0 en las semifinales de la Liga de Naciones cuando el grito apareció desde las gradas. El árbitro activó el protocolo antidiscriminatorio y decidió terminar el partido antes de que se cumplieran los minutos agregados al tiempo reglamentario. Este protocolo establecido por la FIFA cuenta con tres pasos: llamada de atención por parte del sonido local, detención del partido durante algunos minutos y suspensión del encuentro.

15 Cita traducida del inglés al español por la autora.

16 Tanto en el futbol como en otros deportes, un clásico es un partido en donde se enfrentan dos equipos que tienen máxima rivalidad.

17 El video aparece en una nota periodística titulada "'El que no salte es un wilo mari …' y los jugadores de Chivas saltaron" (Guerrero 2023). Para ver el video entre a la siguiente página: https://mexico.as.com/videos/el-que-no-salte-es-un-wilo-mari-y-los-jugadores-de-chivas-saltaron-v/

18 Este video se titula "El que no salte es un chivo mari … serenata América vs Chivas semifinal" publicado por el usuario Soy de América, y muestra a los jugadores y a la afición —hombres, mujeres y niños— cantando juntos. https://www.youtube.com/watch?v=Lslg14jcgxg

19 El mes del orgullo gay se celebra internacionalmente en junio, ya que se conmemora el levantamiento que ocurrió el 28 de junio de 1969 en Nueva York. Aquel día, la policía allanó el bar gay, Stonewall Inn, y sacó a quienes estaban adentro. Hartos de los constantes malos tratos y el acoso por parte de la policía, los presentes iniciaron disturbios y protestas. Entre las lideresas de esos eventos se encontraban mujeres trans latinas y afroamericanas, como Marsha P. Johnson y Silvia Rivera. Esto fue un catalizador para los movimientos organizados a favor de los derechos homosexuales en EE. UU. y en muchas partes del mundo.

20 Las redes sociales tienen una relevancia importante en la vida cotidiana de las personas mexicanas. Según estadísticas recientes, más del 73 % de la población del país usa redes sociales (Kemp).

21 A principios del 2023 la institución americanista presentó una nueva mascota para la categoría femenil. Avi es la versión femenina de la mascota original, Agui.

22 Este sacerdote fue el fundador de la congregación católica, Los Legionarios de Cristo, y fue acusado de múltiples abusos sexuales.

23 En la cultura zapoteca de Oaxaca las muxes son consideradas como un tercer género. Además, es importante resaltar que en diferentes idiomas indígenas no existe una palabra para diferenciar a las personas por género. En la lengua zapoteca del istmo, por ejemplo, la palabra *laabe* significa él, ella, lo, le, la (Pickett 2013, xii).

24 Fray Bernardino de Sahagún llamó así al sexo entre hombres (Schuessler 2018, 180). Este misionero franciscano, quien escribió sobre las culturas indígenas, vivió en la Nueva España durante el siglo dieciséis.

25 Para leer más sobre este tema se recomiendan los libros, artículos, y pláticas de la ya mencionada Norma Mogrovejo.

26 Entre las pocas mujeres *queer* de la televisión o de la música mexicana se encuentran la cantante Joy Huerta, las conductoras Montserrat Oliver, Yolanda Andrade y la actriz y cantante, Alejandra Ley.

27 Esta cita y la siguiente fueron traducidas del inglés al español por la autora.

28 Cita traducida por la autora del inglés al español.

29 Es importante mencionar que así como Sierra y Mayor hay otras futbolistas que han compaginado la maternidad con el futbol profesional como Damaris Godínez futbolista de Chivas, Renae Cuéllar, quien jugaba en Xolos, Mónica Ocampo futbolista histórica de Pachuca y de la selección mexicana, y muchas otras más.

30 Rebeca Bernal es capitana y pieza fundamental en Rayadas de Monterrey. Bernal ha sido campeona con Rayadas en tres ocasiones y es también seleccionada nacional. Un gol de ella le dio la medalla de oro a México en los Juegos Panamericanos.

31 Mogrovejo explica que, para la investigación y desarrollo de su libro, *Un amor que se atrevió a decir su nombre* (2000), uno de los textos más importantes sobre las lesbianas y el lesbianismo en México y Latinoamérica, tuvo que "revisar cajas de archivos guardados en sótanos, en azoteas, desempolvar y reconstruir documentos, rastrear documentos, rascar en los recuerdos y olvidos de las protagonistas. . ." (16).

32 El texto original está escrito en inglés y fue traducido al español por la autora.

33 La ley restringe la educación de temas LGBT+ en las escuelas públicas del estado de Florida y permite a los padres demandar legalmente a las maestras y a los maestros en caso de que lo hagan.

34 Daniela Espinosa es la máxima goleadora del equipo América Femenil. Ahora juega junto a su pareja, Alejandra Gutiérrez, en Xolos de Tijuana. Espinosa ha jugado en todas las categorías de selección nacional femenil.

35 Hay instituciones como Pachuca que han emprendido campañas en redes sociales para impulsar relaciones libres de violencia y las cuales explican el impacto de la homofobia en nuestra sociedad. El equipo ha promovido una aplicación —que también cuenta con una página de Instagram— llamada "Violetta". Esta se presenta como un espacio digital seguro que cuenta con un chatbot gratuito. En las publicaciones de esta organización aparecen sugerencias sobre cómo enfrentar diferentes tipos de violencia incluyendo las agresiones homofóbicas.

¿Dieron ley de la ventaja?

La ley de la ventaja se utiliza cuando un equipo sufre una infracción, pero continúa teniendo una situación ventajosa, así que la jugada no se para. La árbitra o el árbitro tiene milésimas de segundos para decidir si su decisión será la justa y no perjudicar al equipo que recibe la infracción. En muchas ocasiones esta regla es utilizada correctamente; no obstante, esto no siempre es así. Usualmente, es evidente cuando una jugadora o jugador tiene una ventaja, pero al final de cuentas la percepción de ventaja puede diferir entre quienes están en el terreno de juego. El concepto de ventaja es uno que cohabita en el futbol femenil mexicano, desde las faltas que ocurren en la cancha hasta la percepción de que las jugadoras mexicoamericanas —que cada vez tienen más presencia en la Liga— están desplazando a quienes se formaron en México.

· 4 ·

DE AQUÍ Y DE ALLÁ: FUTBOLISTAS MEXICOAMERICANAS Y LAS DINÁMICAS MÁS ALLÁ DE LAS CANCHAS

En noviembre de 2023, la selección nacional mexicana femenil obtuvo la medalla de oro en los Juegos Panamericanos de Santiago al vencer a Chile, la selección anfitriona.[1] Esta fue la primera medalla panamericana de oro en la historia del futbol femenil mexicano y una victoria que nos invita a imaginar un futuro con más logros. Para este torneo el director técnico, Pedro López, seleccionó a dieciocho futbolistas que representaron a México de manera excepcional. Las mexicanas ganaron todos sus partidos en la competición y tuvieron 17 goles a favor y tan solo dos en contra. Nueve de las dieciocho futbolistas mexicanas que hicieron historia al convertirse en campeonas de los Juegos Panamericanos nacieron en Estados Unidos. La incorporación de jugadoras con ambas nacionalidades —la mexicana y estadounidense— a la selección femenil mexicana no es algo reciente. Por el contrario, esto ha ocurrido continuamente en años y en procesos anteriores.

En cambio, cuando la Liga MX Femenil inició los equipos solo podían contratar a jugadoras nacidas en México. Este reglamento cambió en el Torneo Apertura 2019 cuando se permitió la entrada de jugadoras con doble nacionalidad, mientras que una de estas fuera la mexicana. Hoy en día todas las futbolistas mexicoamericanas pueden ser registradas como mexicanas. La

mayoría de los equipos femeniles tiene en sus filas a jugadoras nacidas y criadas en Estados Unidos y quienes tienen la nacionalidad mexicana, muchas
de las cuales han sido campeonas de Liga en más de una ocasión. Entre las
futbolistas mexicoamericanas campeonas del futbol mexicano encontramos
a Bianca Sierra, las hermanas Anika y Karina Rodríguez, Jocelyn Orejel,
Kimberly Rodríguez, Amanda Pérez, Eva González, Kiana Palacios y Chris-
tina Burkenroad, entre otras. En el Torneo Apertura 2023 solo tres de las
dieciocho instituciones no tenían registradas a jugadoras mexicoamericanas
en su primer equipo: San Luis, Necaxa y Santos. El resto de los clubes contaban por lo menos con una jugadora nacida en los Estados Unidos en su plantilla.[2] En este torneo, el América Femenil era el equipo que más futbolistas
mexicoamericanas tenía en su plantel con un total de diez. Evidentemente,
Estados Unidos y sus equipos universitarios tienen un rol importante en el
futbol femenil mexicano, tanto a nivel de clubes como en las selecciones
nacionales.

Sin embargo, contrario a lo que se puede llegar a pensar, este no es un rol
unidimensional; la relación entre México y Estados Unidos en cuestión de
futbol tiene diversos matices y complejidades. Este capítulo explora algunas
de las causas que directamente han contribuido para que el futbol mexicano
cuente con un gran número de jugadoras mexicoamericanas. Como consecuencia de este análisis se discute también la rivalidad futbolística que existe
entre ambos países y cómo ése vive o se percibe en la selección femenil. Para
el futbol mexicano una derrota ante EE. UU. de cualquier categoría, ya sea a
nivel selección o de club, implica más que tres puntos o un campeonato. Estados Unidos es siempre el rival a vencer, ya sea por cuestiones competitivas en
la Concacaf o debido a la historia entre ambas naciones. Paralelamente, una
de las motivaciones más grandes del equipo femenil para querer derrotar a la
selección estadounidense es que esta es la más exitosa de la historia del futbol
femenil.

Al mismo tiempo, un buen número de seleccionadas mexicanas, quienes
frecuentemente enfrentan a la selección estadounidense, nacieron y crecieron
en EE. UU., lo cual agrega un nivel más de complejidad a esta rivalidad. Empero
la motivación, las selecciones mexicanas y sus jugadoras están vinculadas con
EE. UU. mucho más allá de las canchas de futbol. Son estas conexiones —y en
gran parte las disociaciones entre estas naciones— las que han hecho que la
relación y rivalidad entre México y Estados Unidos en el futbol sea por demás
interesante y compleja.

México vs. Estados Unidos: la historia más allá del futbol

A pesar de haber tenido momentos de cooperación política y económica, la relación entre México y su vecino del norte nunca se ha caracterizado por ser la mejor. Una serie de eventos específicos han creado fricciones y desencuentros entre ambos países; lo que a su vez ha evidenciado una clara desigualdad de poder entre estas naciones. La independencia de Texas (1836) y su posterior anexión como estado de EE. UU. (1845), la guerra, o intervención estadounidense (1846–1848), el Tratado de Guadalupe Hidalgo (1848) y la venta de la Mesilla (1854) fueron los primeros acontecimientos que marcaron una relación asimétrica entre ambos países. Las consecuencias de estas disputas exhibieron un contraste importante entre una nación incapaz de defender su territorio y otra con gran autoridad militar. Es importante recordar que desde EE. UU. se argumentaba que este país era la nación elegida y destinada a expandirse por el continente. Esta creencia, mejor conocida como la doctrina del destino manifiesto, guiaba los esfuerzos colonizadores de dicho país. Esta idea se justificaba bajo la falsa premisa de que en los territorios invadidos predominaban comunidades incivilizadas. La colonización estadounidense era defendida entonces como una intervención casi salvadora. Esta expansión territorial de EE. UU. en el siglo XIX fue descomunal, una goliza en términos futbolísticos, y una en la cual nunca existió lo que en este deporte también se conoce como el *fair play*. Es decir, no hubo nunca la oportunidad de que todos los "jugadores" obtuvieran las mismas oportunidades de tener éxito.

Estos eventos han desencadenado una enemistad deportiva entre estas dos naciones, particularmente desde la perspectiva mexicana. El hecho de que conflictos históricos y políticos hayan pasado al mundo del futbol no es algo exclusivo de México y Estados Unidos. Las intervenciones colonialistas en diferentes partes del mundo han generado fuertes rivalidades en el futbol internacional que transgreden lo deportivo. En cuantiosas ocasiones las injerencias territoriales y políticas han propiciado que un gran número de futbolistas profesionales tengan derecho a representar, en competencias internacionales, a dos o más naciones y que en algún momento deban escoger a una de estas. Uno de los casos más conocidos mundialmente es el de la selección francesa varonil. Cuando esta selección fue campeona del mundo en 2018, más de la mitad de sus jugadores eran de ascendencia africana; muchos de estos futbolistas tenían raíces de antiguas colonias francesas en África. La estrella francesa, Kylian Mbappé, pudo haber escogido representar a Argelia o Camerún, por ejemplo.

El caso de México y Estados Unidos se extiende a décadas posteriores a la pérdida/anexión territorial. En diferentes ocasiones estas naciones no han coincidido en políticas fundamentales para los gobiernos de ambos países. Como explica Lorenzo Meyer (2006) en el artículo "Estados Unidos y la evolución del nacionalismo mexicano", México no fue aliado de Estados Unidos en la Primera Guerra Mundial ni en la Guerra Fría, ni tampoco apoyó públicamente a su vecino del norte en la guerra antiterrorista después de los atentados del 11 de septiembre. Por otro lado, la incorporación de México al Tratado de Libre Comercio de América del Norte, establecido en los años noventa, implicaba una dependencia económica de México con Estados Unidos por lo que no fue bien recibida por una mayoría de mexicanos y mexicanas (Meyer 2006, 452). De igual manera, en los últimos años ciertas posturas políticas estadounidenses han causado malestar en un sector de la población mexicana.

Durante la presidencia del demócrata Barack Obama, tres millones de personas indocumentadas fueron deportadas a sus países de origen (Guerrero 2021). Un gran número de estas personas eran mexicanas, la mayoría trabajaban en la agricultura, en construcción y en la industria alimentaria. El sucesor de Obama, Donald Trump, no contó con la mejor aceptación en territorio mexicano. Durante su campaña presidencial —entre 2015 y 2016— quien se convertiría en el cuadragésimo quinto presidente de Estados Unidos publicó tuits y difundió mensajes en los que se refería a México y/o a mexicanos de manera despectiva. Esto, evidentemente, generó indignación entre gran parte de la población mexicana. Uno de los momentos más tensos ocurrió cuando el entonces candidato presidencial declaró que "cuando México envía a su gente, no envía a los mejores... envía gente que tiene muchos problemas y los trae con nosotros. Están trayendo drogas. Están trayendo crimen. Son violadores. Y algunos, supongo, son buenas personas" (Reilly 2016).

Además de estos casos, hay cuestiones que continúan generando polémica y enemistad entre ambos países, como lo son el muro fronterizo y el gran problema del narcotráfico con todo lo que este implica para ambos países. La historia entre estas naciones ha hecho que EE. UU. sea "visto y tratado por México —por su gobierno lo mismo que por su opinión pública— como el centro y razón de ser de su política exterior, y también como el inevitable punto de referencia de su nacionalismo y autodefinición" (Meyer 2006, 462). Este nacionalismo defensivo mexicano, particularmente contra EE. UU. como lo describe Meyer, se ve claramente reflejado en el futbol. Los partidos entre estas dos selecciones se juegan siempre bajo un entorno hostil, incluso durante partidos amistosos que no suelen acarrear gran implicación deportiva. En el imaginario colectivo mexicano, EE. UU. es siempre el rival a vencer. Enfrentar a EE. UU. en un partido de futbol conlleva una presión agregada independientemente de la categoría, varonil o femenil, por lo menos una que emerge de los medios de comunicación y de un sector de la afición. Por mucho tiempo la selección mexicana varonil fue muy superior a su rival del norte; esto proporcionaba un gran aliciente al nacionalismo mexicano en términos futbolísticos. Sin embargo, esta supremacía ha ido cambiando poco a poco.

Un gigante que se encoge y otro que se agranda

Ganarle a EE. UU. en un partido de futbol representa para México una victoria difícil de obtener en otros ámbitos debido a la potencia económica de dicho país. Asimismo, el contexto histórico mencionado anteriormente hace que la rivalidad y el "odio deportivo" sea aún más intenso entre ambas selecciones. En este contexto, la superioridad que México tuvo en la categoría varonil por décadas en la zona de Concacaf les otorgaba a miles de aficionadas y aficionados una satisfacción más allá de lo deportivo. Este dominio llevó a que varios medios de comunicación se refirieran a la selección mexicana como el gigante de la Concacaf. A decir verdad, no se trataba solamente de que el nivel de la Liga y selecciones de México fueran mejor que el de la MLS (Major League Soccer) y la selección estadounidense, lo cual era evidente. También se debía a que en EE. UU. el futbol no era un deporte popular. Por décadas este fue considerado como un pasatiempo destinado para niños y niñas que no se tomaba realmente en cuenta de manera profesional.

Sin embargo, la popularidad del futbol ha incrementado drásticamente en Estados Unidos. Los logros de su federación son cada vez mayores; su categoría femenil es la más importante del mundo, ya que hasta la fecha no existe ningún otro equipo que haya logrado superar los logros de la USWNT (United States Women 's National Team).[3] La selección femenil cuenta generalmente con el apoyo de una buena parte de la población estadounidense, aunque la polaridad que existe en el país en temas sociales también se ha reflejado en el apoyo que recibe esta selección. Esto debido a la postura feminista enfocada en justicia social que han tomado muchas de las jugadoras estadounidenses.[4] Si bien la categoría varonil no ha tenido el mismo éxito que en la femenil, sí ha mostrado un avance importante en los últimos años, tanto en la selección nacional como a nivel de clubes. En 2022, el Seattle Sounders FC ganó la Copa de Campeones de la Concacaf después de más de quince años consecutivos de dominio mexicano. Además, una gran cantidad de jugadores jóvenes estadounidenses juegan en las ligas europeas más competitivas.

De igual manera, la apatía de las aficionadas y aficionados estadounidenses, que solía ser criticada en el mundo del futbol, se ha transformado drásticamente. Una encuesta realizada por el periódico *Washington Post* reveló que en el 2022 el ocho por ciento de los y las estadounidenses escogieron el futbol como el deporte que más les gustaba ver (Enten 2022). Esto puede parecer una estadística insignificante en México, donde el futbol es el deporte más popular. Sin embargo, en 2004 el porcentaje en una encuesta similar revelaba que solo el dos por ciento de estadounidenses consideraban el futbol como su deporte favorito (Enten 2022). La popularidad del *soccer* en Estados Unidos no parece que vaya a disminuir, por el contrario. Las contrataciones que realizó el Inter Miami CF de Lionel Messi y Sergio Busquets, campeones del mundo, y de sus compañeros en el Barcelona, Jordi Alba y Luis Suárez, han causado una revolución mediática y un incremento de entradas en los partidos de la MLS. Sorpresivamente, el futbol es ahora el deporte más popular entre la gente menor de 30 años en EE. UU. (Enten 2022).

A nivel selección varonil, la supremacía futbolística de México se ha reducido en los últimos años, lo que ha creado una rivalidad todavía más marcada e intensa entre estos dos equipos. Las derrotas del "2–0"[5] frente a los estadounidenses —y los cánticos que surgieron posteriormente— son recuerdos dolorosos para muchos mexicanos y mexicanas. A pesar de que en la actualidad México, en su categoría varonil mayor, todavía tiene el doble de trofeos que la selección de Estados Unidos, parece que esta supremacía puede seguir reduciéndose e incluso llegar a invertirse en los próximos años. En octubre de 2023 Estados Unidos ocupaba el lugar número once en la clasificación de la FIFA colocándose un puesto por encima de México, equipo clasificado en el número doce.

El verdadero gigante de la Concacaf

Lo que queda claro es que la única selección de esta confederación que puede presumir de ser la mejor del mundo es la femenil estadounidense. El USWNT ha ganado numerosos títulos a lo largo de su historia, incluidas cuatro copas mundiales femeninas de la FIFA (1991, 1999, 2015 y 2019), cuatro medallas de oro olímpicas (1996, 2004, 2008 y 2012) y nueve campeonatos femeninos de la Concacaf. El éxito de la selección femenil estadounidense se debe a los recursos y apoyo que reciben los equipos femeniles en las categorías juveniles y universitarias. Su liga profesional, la National Women's Soccer League (NWSL), es cada vez más competitiva y continúa recibiendo apoyo para su desarrollo. En Kansas City, Missouri, se erigió el primer estadio del mundo construido para un equipo deportivo profesional femenil —con un costo de 120 millones de dólares—. El equipo Kansas City Current juega y entrena en este recinto.

De igual modo, en 2023 la NWSL firmó un acuerdo con cuatro televisoras nacionales, CBS, ESPN, AMAZON y SCRIPPS. Esta liga recibirá 240 millones de dólares por cuatro años de derechos televisivos. Casi todas las estrellas de la selección estadounidense juegan en su país y cada vez son menos las que emigran a Europa, puesto que la calidad de su liga está a la par de las mejores del mundo. En el Mundial de 2023 solamente una futbolista estadounidense jugaba en Europa. Lindsey Horan juega para el Olympique Lyonnais Féminin, el club más ganador en la historia de Liga de Campeones Femenina de la UEFA. El equipo OL Reign[6] con sede en Seattle, Washington, es el que más futbolistas aportó a este último mundial con cinco, incluyendo a Megan Rapinoe y a la mexicoamericana Sofía Huerta. Futbolistas como Rapinoe y Alex Morgan han sido multipremiadas con su selección y se han convertido en inspiración para fanáticas y jugadoras en todo el mundo.

Un gran número de aficionadas y aficionados del futbol femenil mexicano admiran públicamente a jugadoras estadounidenses como Alex Morgan y Rapinoe, lo que ha quedado evidenciado cada vez que estas juegan en México.[7] Incluso, seleccionadas mexicanas han expresado sentir admiración por jugadoras estadounidenses históricas. Lo mismo no se puede decir de la selección varonil de Estados Unidos. Al contrario, a través de los años se han creado rivalidades específicas entre jugadores estadounidenses y aficionados y aficionadas mexicanas, como el caso de Landon Donovan y Christian Pulisic. El hecho de que haya estas diferencias entre la manera en la que se percibe a las jugadoras y jugadores estadounidenses no se trata de una cuestión de pasión o nacionalismo. La realidad es que a las selecciones femeniles del mundo, generalmente, las une un sentido de sororidad al ser equipos que están luchando por la equidad de género dentro del futbol. En este sentido, la sororidad parece ser más fuerte que el "odio deportivo".

¿Todos somos la selección mexicana?

En México, como en muchas otras partes del mundo, el futbol varonil se ha convertido en un componente significativo, casi indispensable, de la identidad nacional. Este país es el que más veces ha sido escogido como sede mundialista, en tres ocasiones en la categoría varonil, además del torneo femenil no avalado por la FIFA en 1971. Esto es motivo de orgullo para un gran número de aficionados y aficionadas. A pesar de que las selecciones mexicanas varoniles han tenido poco éxito internacional[8] se sigue apoyando a la categoría varonil mayor como a ninguna otra, no solo con recursos por parte de la FMF, sino con cobertura mediática. Los partidos de la selección varonil son usualmente promocionados por los medios de comunicación como un espacio en donde se crea una comunidad homogénea. Es decir, un espacio en el que durante noventa minutos —más el tiempo agregado— el futbol varonil puede anular las diferencias sociales e incluso geográficas que puedan existir entre las personas mexicanas.

Las televisoras, por ejemplo, promueven los partidos de la selección nacional con frases como "no son once; somos millones". Esta retórica de unidad mexicana a través del futbol no es un mecanismo nuevo. Joshua Nadel (2014) ha documentado que después de la Revolución mexicana el gobierno mexicano utilizó el futbol para intentar unir diferentes sectores del país, los cuales se habían fragmentado por la guerra (3115). Si bien es cierto que las victorias de la selección varonil generan cierta euforia colectiva, la idea de que "todos somos la selección mexicana" es por demás debatible. El futbol, que bien une a comunidades, también crea divisiones entre ellas —desde la manera en la que se diferencia a los equipos por su capacidad adquisitiva, lo que usualmente provee una ventaja deportiva, hasta quién tiene acceso a comprar las mejores entradas y viajar a otros estadios a ver a sus equipos—. Así como en cuestiones de clase social, el futbol también crea divisiones palpables en cuanto a las categorías femeniles y varoniles. En los capítulos anteriores se ejemplificaron algunas situaciones específicas en referencia a este tema, como la falta de recursos otorgados a la categoría femenil, o que la liga femenil profesional se creó hace un poco más de un lustro, mientras la varonil lleva activa más de cien años.

En el imaginario colectivo mexicano la identidad nacional viene altamente relacionada con la masculinidad, desde revolucionarios e intelectuales, hasta por supuesto los futbolistas. Decir que el futbol ha sido parte importante de la identidad nacional de México es hacer referencia al futbol varonil, ya que las mujeres no son consideradas, por el imaginario nacional mexicano, como parte fundamental de esta. Desde hace más de un siglo las mujeres han jugado futbol en diferentes partes del mundo, incluso logrando gran fama y popularidad. Quizá debido a esto —a su irrupción en un espacio imaginado como meramente masculino— los equipos femeniles han recibido prohibiciones y rechazo desde ese tiempo e incluso hasta la fecha. Recordemos que en países como Inglaterra, Francia y Costa Rica hubo oposición e incluso prohibiciones por parte de quienes rigen el deporte para que las mujeres no participaran en competencias. Aun cuando no había prohibiciones oficiales en otros países como en México, la falta de recursos y de apoyo dificultaron que las mujeres pudieran jugar, representar a su país y profesionalizar el deporte.

Incluso ahora que las jugadoras mexicanas cuentan con más apoyo por parte de la FMF y de sus clubes, un gran número de fanáticos del futbol consideran que una selección nacional femenil no los representa, solo la varonil. Se puede llegar a decir que en muchos casos las futbolistas no solo no son dignas representantes de la nación, sino que también han sido consideradas como antipatriotas. Nadel explica que en Latinoamérica:

> Si bien el fútbol masculino era y sigue siendo el juego nacional en gran parte de la región, el fútbol femenino era visto como una amenaza, lo que lo convertía en un juego casi antinacional. La idea de que las jugadoras de fútbol violaban los valores nacionales llevó casi a la desestimación del deporte.[9] (Nadel 2014, 3448)

Esta perspectiva, que era común en muchos países al principio del siglo veinte, sigue siendo cierta en muchos aspectos en la Liga MX Femenil y en las selecciones mexicanas femeniles. La prensa deportiva *mainstream* sigue dejando a un lado los resultados de los equipos femeniles otorgándoles un espacio reducido al final de sus páginas, incluso cuando se trata de partidos importantes, por dar un ejemplo específico.[10]

En los últimos meses, debido a la medalla panamericana, la opinión pública hacia la selección femenil mexicana ha sido muy positiva. No obstante, todavía se pueden leer comentarios en redes sociales o en periódicos electrónicos demeritando la calidad del equipo. Muchos de estos son claramente opiniones sexistas que nada tiene que ver con el rendimiento deportivo de las futbolistas, sino que reflejan un resentimiento social causado por el "atrevimiento" de las futbolistas en adentrarse en un espacio que supuestamente no les corresponde. En este sentido, cada partido que las jugadoras disputan ya sea representando a un equipo mexicano o la selección nacional, es una transgresión a la dinámica de poder que conlleva la identidad nacional y los roles de género en México.

Aunque es evidente que el apoyo alrededor del futbol femenil continúa incrementando, falta todavía mucho por deconstruir en cuanto a actitudes paternalistas y misóginas en relación con las mujeres y el deporte. Muchos padres o familias, por ejemplo, fundamentan su oposición para que las niñas practiquen el futbol con los riesgos asociados con este deporte de contacto. En la cultura mexicana la cuestión de la protección suele utilizarse como mecanismo de control. Como lo explica Anzaldúa (2007): "La cultura (léase masculina) profesa proteger a las mujeres. En realidad, mantiene a las mujeres en roles rígidamente definidos" (39).[11] Si bien Anzaldúa escribió esto hace casi cuarenta años todavía existe la necesidad, por parte de la cultura machista mexicana, de mantener a las niñas y mujeres en roles de género que las limitan en diversos aspectos, incluyendo en el ámbito deportivo. Cuando estos roles de género se desestabilizan surgen diferentes tipos de reacciones, desde la violencia ejercida directamente contra las mujeres, hasta considerar sus supuestas transgresiones como antipatrióticas.

El nacionalismo pocho: (ni) de aquí y (ni) de allá

Para muchas personas mexicanas que residen en EE. UU., así como para mexicoamericanas, el futbol es algo que las conecta con sus raíces.[12] Generalmente, en un estadio de futbol en Estados Unidos, la afición de la selección mexicana no representa una minoría étnica como puede suceder en otros eventos masivos o incluso en sus comunidades. Cuando México juega en EE. UU. es común ver en las gradas de los estadios a personas disfrazadas de personajes famosos mexicanos que poco o nada tiene que ver con el futbol. Los estadios se llenan de representaciones del Chavo del Ocho, el Chapulín Colorado, de gente que utiliza penachos indígenas, y sombreros charros, entre muchas otras características típicas, y a veces estereotípicas, mexicanas. Si bien el futbol puede crear conexiones y permite expresar una "mexicanidad", también evidencia incertidumbres relacionadas con la biculturalidad. Algunas de las personas étnicamente mexicanas que nacieron y crecieron en EE. UU. se ven bajo la encrucijada de escoger a qué equipo apoyar, por ejemplo. Por otro lado, para muchas personas, tanto en México como en EE. UU, apoyar a la selección estadounidense —cuando se es étnicamente mexicana o mexicano— y no a la selección mexicana, es una manera de traicionar a su país de origen o al legado de sus ancestros.

Estas dinámicas se pudieron observar públicamente en el verano del 2023 cuando la selección varonil mexicana disputó dos torneos en Estados Unidos: la Liga de Naciones y la Copa de Oro. Durante los dos torneos se presentaron situaciones relacionadas a la identidad nacional con unos niños que estuvieron presentes en partidos de la selección mexicana. Por un lado, durante el partido que México perdió 3–0 contra Estados Unidos en la semifinal de la Liga de Naciones de la Concacaf, un chico fue captado por las televisoras portando el *jersey* de los Estados Unidos y una banda en la cabeza de la bandera de México. Su atuendo permitía asumir que apoyaba a ambos equipos. Cuando EE. UU. anotó uno de sus goles, el niño besó el escudo de su camiseta y se quitó la diadema mexicana mientras las tomas televisivas se aseguraban de enfocarlo atentamente. El video se viralizó en redes sociales donde la gente insultó y se burló del niño por ser mexicano —esto fue asumido por su complexión morena— y por apoyar a EE. UU.

Unas semanas después, cuando México le ganó a Panamá la final de la Copa Oro, un niño que celebraba el triunfo de México fue entrevistado en español por un periodista de la televisora ESPN. Sin embargo, todo parece indicar que el aficionado mexicano solamente hablaba inglés por lo que no puedo contestar a las preguntas que le hacían. Este momento también se volvió viral en línea. El niño recibió una gran cantidad de insultos por quienes consideraban increíble que, teniendo su aspecto "claramente mexicano" no supiera hablar español. Ambos niños fueron señalados de traidores, entre otros insultos, bromas, y memes que aparecieron en las redes sociales.[13] Una de las palabras que más apareció entre las burlas e insultos hacia estos dos niños fue la de "pocho". Este término es bien conocido entre las comunidades mexicoamericanas, ya que ha sido utilizado por décadas para ofender a quienes no hablan "correctamente" el español o quienes se han asimilado a la cultura estadounidense.

El *Diccionario del español de México* define "pocho" de esta forma: "Que desciende de mexicanos, pero es de nacionalidad estadounidense, o que es mexicano pero emigrado a los Estados Unidos de América y al hablar español introduce anglicismos y muestra poco conocimiento y aprecio de la lengua" ("Pocho"). Existe la idea generalizada de que una "pocha" o un "pocho" no siente aprecio por la cultura mexicana. Esto es problemático, pues implica un desconocimiento de los sistemas de opresión que existen en los Estados Unidos en relación con el español y la discriminación que sufren las personas que pertenecen a culturas diversas en dicho país. Es claro que no todas las personas mexicoamericanas han tenido la misma experiencia en referencia a la manera en la que viven o conectan con la cultura mexicana. En cuestiones lingüísticas, por ejemplo, pueden existir diferencias entre las primeras generaciones migrantes y las que han vivido en EE. UU. toda su vida.

La clase social es un factor determinante para tener acceso a recibir educación formal en español ya sea en sus casas o en escuelas públicas y/o privadas. Además de la clase social y recursos educativos, la discriminación juega un factor importante en la decisión de algunos padres de no enseñarles a sus hijos español. Todo esto ha sido estudiado ampliamente por sociolingüistas y académicos desde hace décadas. No obstante, en diferentes contextos sociales, como en los partidos de futbol, estos factores usualmente no se consideran. El niño que va a un partido de México y que no habla español es un traidor y un motivo de burla, puesto que no "siente aprecio de la lengua". Esta generalización no puede estar más alejada de la realidad. Muchas y muchos jóvenes mexicoamericanas, o latinas y latinos, sienten una carga emocional intensa como culpa o vergüenza debido a que consideran su español como inadecuado o defectuoso.

Algunas de estas personas provienen de familias en las cuales los padres no tienen una formación académica en español y/o de familias que han vivido discriminación sistémica por hablar su idioma natal. Los padres entonces han decidido no enseñarle español a sus hijos o hijas para evitarles experiencias similares. Como es bien sabido, Estados Unidos tiene una historia longeva de represión lingüística y cultural contra grupos minoritarios. El genocidio lingüístico que se realizó a través de los internados o *boarding schools* es un claro ejemplo de esto.[14] El idioma se convierte entonces en un arma en contra de las personas mexicoamericanas para avasallar su identidad étnica. En Estados Unidos, estas personas son usualmente consideradas como "las otras" por no pertenecer a la mayoría étnica y en términos de lenguaje por usar palabras en español o por emplear un cambio de código entre ambos idiomas. Por otro lado, en México su español es "deficiente", y la idea de que las personas mexicoamericanas no son ni de aquí ni de allá resuena con fuerza.

No obstante, como lo analiza Anzaldúa (2007), para la comunidad chicana, que no reside en un país de habla hispana, sino que vive en una nación donde el inglés es el idioma dominante, no queda más opción que desarrollar su propio idioma (77). Las personas mexicoamericanas continúan resistiendo las diferentes imposiciones lingüísticas y discriminación que viven día a día, ya sea en México o en Estados Unidos. Hay quienes han utilizado la categoría de "pocha" y "pocho" como un término de identidad con el cual se han empoderado. Viéndolo desde esta manera, ser una pocha o un pocho puede significar no una traición sino una resistencia, es decir, ser alguien que es de aquí y de allá, con todo lo que esto implica.

Las jugadoras que son de aquí y de allá

Más allá de la rivalidad futbolística, en el futbol femenil existe una relación significativa entre Estados Unidos y México. Como se mencionó anteriormente un gran número de jugadoras que históricamente han nutrido a la selección nacional mexicana nacieron en los Estados Unidos. Durante las casi dos décadas a cargo de la selección mexicana, el entrenador Leonardo Cuéllar recurrió a futbolistas mexicoamericanas para nutrir a la selección. Esto mismo sucedió con los entrenadores y las entrenadoras posteriores, como con el hijo de Leonardo Cuéllar, Cristopher Cuéllar, quien suplió a Roberto Medina como entrenador de la selección femenil mayor en 2019. En los partidos amistosos de la selección, antes del torneo preolímpico de 2020, Cristopher Cuéllar convocó a ocho jugadoras mexicoamericanas (Vázquez 2019), por ejemplo. En general, la mayoría de estas jugadoras han sido fundamentales para los equipos nacionales mexicanos, pero cuando se creó la Liga estas no podían jugar en los clubes mexicanos, puesto que el reglamento requería que todas las jugadoras fueran nacidas en México.

La Liga MX Femenil ha dado ahora vía libre para que las jugadoras mexicoamericanas puedan ser contratadas por los equipos y registradas como mexicanas. Es así como han llegado a México muchas jugadoras étnicamente mexicanas, pero que nunca habían vivido en el país. Algunas de ellas son completamente bilingües, mientras que otras no hablan español con fluidez y algunas solamente hablan inglés. En la actualidad, la mayoría de los clubes mexicanos tienen en sus filas a jugadoras mexicoamericanas. Para algunas personas dichas jugadoras están despojando de oportunidades a las futbolistas nacidas y criadas en México. Existe a quien le puede parecer injusto, ya que las jugadoras que han vivido en los Estados Unidos frecuentemente tienen mucha más preparación y recursos que sus colegas en México. Para otras aficionadas y aficionados esto realmente no importa; lo relevante es que su equipo tenga un buen desempeño y sea campeón.

Una de las futbolistas que pudo jugar en la Liga MX Femenil debido al cambio en el reglamento fue la californiana, Renae Cuéllar, quien durante muchos años fue seleccionada mexicana. La futbolista se unió a los Xolos de Tijuana femenil en 2019 y permaneció en el equipo hasta 2023. En una entrevista en 2019, Cuéllar resaltó lo que para ella era la diferencia más significativa entre la formación futbolística de ambos países: "Nosotras desde los seis años somos muy competitivas y nos regañan si no estamos jugando bien o si estamos fuera de lugar o no metimos los goles. Entonces, ésta es una diferencia que está creciendo poco a poco, pero necesitan empezar desde chiquitas de los seis o siete años, no de 14 o 15" (Vázquez 2019). Unos años después de esta entrevista, podemos decir que esto ha cambiado, puesto que las niñas están entrenando y formando parte de equipos desde edades más tempranas en México. Sin embargo, las diferencias en cuanto a recursos e infraestructura en ambos países siguen siendo descomunales. Cuando las estudiantes/futbolistas empiezan su recorrido universitario en Estados Unidos —generalmente a los dieciocho años— tienen entrenamientos de futbol casi profesionales. Muchas de las instituciones universitarias de este país cuentan con equipo y tecnología deportiva difícil de encontrar incluso en algunos equipos profesionales mexicanos.

Algunas de las mejores jugadoras actualmente en la Liga MX Femenil han surgido de la Universidad de California en Los Ángeles (UCLA), como Maricarmen Reyes jugadora ahora de Tigres y quien en su último partido jugando para esta universidad anotó el gol que les dio el campeonato colegial. Las hermanas Anika y Karina Rodríguez —futbolistas de la selección mexicana y de Tigres y América, respectivamente— también jugaron para UCLA. Esta universidad invirtió más de ciento treinta millones de dólares en su área deportiva en el año académico 2021–2022. La universidad de Alabama Auburn, institución de donde egresó Bianca Sierra, gastó más de ciento cincuenta millones de dólares en asuntos deportivos en ese mismo ciclo académico ("Sportico's Intercollegiate" 2023). Si bien resulta evidente que la mayoría de las jugadoras mexicoamericanas que participan en la liga mexicana han tenido un desarrollo deportivo con más posibilidades, también es importante mencionar que las mujeres no reciben los mismos beneficios que los hombres en los deportes colegiales estadounidenses, ya que la mayor parte de estos presupuestos van dirigidos a los equipos varoniles.

De hecho, la historia de las mujeres en los deportes universitarios de ese país es más compleja de lo que se puede llegar a pensar. La ley *Title IX*, la cual prohíbe la discriminación basada en el sexo en cualquier escuela o cualquier otro programa educativo que reciba financiación del gobierno federal, entró en vigor hasta 1972. Es decir, la prohibición de la discriminación con base en el género se legalizó sesenta y seis años después de que se creara la Asociación Nacional de Atletismo Universitario (NCAA por sus siglas en inglés) en dicho país. Incluso así, con leyes como la de *Title IX*, la discriminación contra las mujeres en los deportes colegiales estadounidenses continúa, aunque de manera más sutil y bajo la premisa de que los deportes varoniles son más populares y por ende reciben más recursos. En el básquetbol, por ejemplo, se generó gran polémica cuando Sedona Prince, jugadora en ese entonces de la Universidad de Oregón, y otras basquetbolistas recurrieron a sus redes sociales para mostrar las fragantes diferencias en equipo deportivo que había entre ellas y los equipos varoniles en el torneo March Madness del NCAA que se disputó en 2021. Casos como estos siguen ocurriendo en diferentes deportes y universidades. Si a esto le sumamos la cuestión de raza o etnia, las desigualdades se incrementan notablemente.

En junio de 2023, la Suprema Corte de Justicia de Estados Unidos votó en contra de las medidas políticas conocidas como acción afirmativa (*affirmative action*), las cuales permitían a las universidades considerar la cuestión de la raza y etnia en sus procesos de admisión. Esto se hacía con la intención de evitar que los estudiantes de grupos minoritarios fueran discriminados y sus solicitudes de ingreso fueran rechazadas injustamente. Para las y los estudiantes mexicoamericanas y mexicoamericanos, la desaparición de la acción afirmativa implica que las posibilidades de admisión en una universidad como las que se mencionaron arriba —las cuales invierten millones de dólares en sus programas deportivos— se pueden reducir. Esto debido a las pocas admisiones que se aceptan anualmente en estas escuelas y a que las personas que entran a estas universidades generalmente han invertido miles de dólares en cursos que les permitan tener las mejores notas en los exámenes de admisión estatales y nacionales.

De igual modo, las universidades con grandes programas deportivos son extremadamente costosas. Según la misma UCLA, tan solo un año académico en esta universidad puede costar más de treinta mil dólares para los residentes de California y más de sesenta mil para quienes provienen de otros estados ("Tuiton & Costs" 2023). Es cierto que muchas y muchos deportistas pueden recibir becas para asistir a este tipo de instituciones. No obstante, para que esto ocurra es necesario que hayan destacado en sus equipos de las preparatorias, lo cual implica invertir en gastos que muchas familias latinas trabajadoras no pueden afrontar como campamentos, transporte, equipo deportivo, entre otros costos. En Estados Unidos las familias pueden gastar hasta cinco mil dólares al año para que sus hijas o hijos accedan a equipos juveniles y jugar en torneos que les ayuden a conseguir una beca universitaria (Boden 2023). Además, como bien menciona la académica Melissa Castillo Planas (2021): "No es sorprendente que, debido tanto a la falta de modelos a seguir como de expectativas culturales, las latinas vayan por detrás de los latinos y las niñas blancas en términos de participación en equipos deportivos de las escuelas preparatorias" (3).[15]

Incluso cuando las niñas y adolescentes mexicoamericanas tienen el apoyo familiar para jugar en la preparatoria, las estadísticas muestran claramente que las latinas en la NCAA están muy por debajo, en cuanto a participación, del porcentaje de los hombres latinos y de las futbolistas blancas. En 2023, los latinos y latinas menores de 18 años representaban el veinticinco por ciento de la población estadounidense dentro de ese grupo de edad. No obstante, en ese mismo año en el futbol colegial los hombres latinos representaban solo el doce por ciento de los jugadores y las mujeres latinas solo eran el siete por ciento de las jugadoras de futbol de la NCAA (Boden 2023). Estos porcentajes muestran una clara desigualdad en la categoría universitaria para las latinas, y por ende para las mexicoamericanas, en dicho país. Sin embargo, el panorama de la selección estadounidense es todavía peor para las jugadoras mexicoamericanas. La selección estadounidense que ganó el Mundial Femenil en el 2019 no contaba en su plantilla con ninguna jugadora latina. Para el siguiente Mundial, en 2023, la selección solo tenía a dos futbolistas mexicoamericanas en su plantel: Sofia Huerta y Ashley Sánchez. La representación latina que ha existido en la selección estadounidense es desalentadora. En toda su historia, y hasta finales de 2023, la USWNT solamente había contado con cinco jugadoras latinas. Además de Huerta y Sánchez, las otras tres futbolistas son Amy Rodríguez Shilling, Stephanie Cox y Keri Sánchez.[16]

La liga MX Femenil y la selección femenil mexicana son entonces una oportunidad casi única para muchas jugadoras mexicoamericanas que de otra forma no podrían jugar futbol de manera profesional. No solo se trata de la falta de oportunidades que estas tienen en Estados Unidos, sino que en México hay más equipos de primera división, dieciocho, mientras que en Estados Unidos solo existen catorce. Si bien parece que la NWSL estará agregando más equipos a su Liga, por ahora la Liga MX Femenil tiene cuatro equipos más, lo que evidentemente presenta más opciones para las jugadoras mexicoamericanas. De igual forma, muchas de las futbolistas que han pasado de la NCAA a la Liga mexicana se han convertido rápidamente en estrellas de sus equipos, como sucedió con María Sánchez, Scarlett Camberos, y la misma Maricarmen Reyes, entre muchas otras. Esto puede ser un aliciente para quienes sueñan con jugar profesionalmente y ser conocidas mundialmente.

La herida abierta y el futbol femenil

En 2012, la jugadora de la Universidad de Santa Clara, California, Sofía Huerta, no fue seleccionada con Estados Unidos para el Mundial sub-20. La futbolista mexicoamericana decidió entonces aceptar una convocatoria para jugar con la selección mexicana. Huerta ha hablado públicamente sobre las reacciones que emergieron después de haber tomado esta decisión y la manera en que su mexicanidad fue cuestionada, incluso reconociendo que "siempre fue bastante difícil para la gente entender quién era [ella] realmente" (Friend 2023). La futbolista siempre ha tenido una conexión con México, pues visitaba el país seguido y el español fue su primer idioma (Friend 2023). Después de representar a México en cinco partidos, de 2012 a 2013, Huerta recibió una convocatoria de la selección estadounidense y solicitó una transferencia única para unirse al equipo estadounidense de manera definitiva.[17] Unas semanas antes de que iniciara el Mundial de Australia y Nueva Zelanda de 2023, Huerta explicó que hubo quien la llamó traidora por esta decisión y, sin embargo, dejó claro que para ella ser mexicoamericana y representar su cultura jugando para la selección estadounidense es una gran oportunidad ya que "por muy cliché que parezca, creo que todos estamos de acuerdo en que si puedes verlo, puedes serlo. Y por eso creo que cualquier niña o niño de la comunidad que vea mi apellido ahora, creerá que puede hacerlo" (Friend 2023).[18]

Pese a que muchas personas mexicoamericanas viven la incertidumbre de tener que habitar espacios biculturales, no todas tienen que públicamente tomar una decisión como lo hizo Huerta, o como lo han hecho muchas otras futbolistas mexicoamericanas quienes representan a la selección mexicana, como María Sánchez, Kiana Palacios, Bianca Sierra, entre muchas otras. Lo que para algunas atletas puede ser una decisión fácil, para otras puede ser una de las más complicadas de su vida. Es importante tomar en cuenta que la mayoría de estas futbolistas han tenido que tomar esta decisión a una edad temprana, incluso siendo adolescentes. El sentido de la identidad nacional de estas atletas puede ser muy diferente incluso entre ellas mismas, desde las que son primera generación en los Estados Unidos y quizás tengan conexiones más latentes con México, hasta quienes son parte de múltiples generaciones viviendo en EE. UU. Todo esto puede influenciar en su decisión.

Para algunas de estas futbolistas, y atletas en general, la relación entre ambas identidades se convierte en lo que Anzaldúa (2007) caracteriza a través de la metáfora de una herida abierta. Es decir, las fronteras físicas y metafóricas que existen entre ambos países y sus habitantes es constante y dolorosa. La identidad bicultural es, en muchas maneras, un recordatorio constante del destierro histórico que vivieron las personas mexicoamericanas/chicanas: "Con el destierro y el exilio fuimos desuñados, destroncados, destripados —we were jerked out by the roots, truncated, disemboweled, dispossessed, and separated from our identity and our history" (29–30).[19] Este destierro es una referencia a las anexiones territoriales que se mencionaron al principio de este capítulo. Sin duda, estas marcaron un antes y un después para las mexicanas y mexicanos que sin tener decisión alguna se convirtieron en nuevos residentes de los Estados Unidos. En 1853, año en que se llevó a cabo la venta de la Mesilla, alrededor de 80 000[20] pobladores de habla hispana vivían en el nuevo territorio estadounidense (Rosales 1997, 2). Algunas de las futbolistas mexicoamericanas son descendientes de estos procesos históricos; otras pertenecen a generaciones más recientes que representan la constante migración que existe de un país a otro. La conexión con la cultura mexicana es diferente en todos los casos y las decisiones sobre qué selección elegir recaen en diversas circunstancias.

Además de estas cuestiones de identidad nacional, la decisión de escoger una u otra selección también puede estar influenciada por la calidad y éxito de ambos equipos. En el caso de Huerta, y como se explica en una de sus entrevistas, ella creció viendo en la televisión a las futbolistas estadounidenses jugando al máximo nivel y queriendo ser una de ellas (Friend 2023). Con el desarrollo exponencial de la Liga MX Femenil esto puede también cambiar. Las niñas mexicoamericanas pueden ahora ver en televisión y en redes sociales los partidos de los equipos mexicanos y pueden soñar con representar a México algún día. Muchas podrían elegir entre seguir los pasos de Sofía Huerta o de María Sánchez. Uno de los ejemplos más significativo de esto es el de las hermanas gemelas y futbolistas profesionales, Mónica y Sabrina Flores. Mónica fue seleccionada nacional mexicana y Sabrina jugó para la selección estadounidense e incluso ambas llegaron a enfrentarse en un Mundial sub-20.

El futuro de la liga y las jugadoras NFM

Es importante dejar claro que las futbolistas mexicoamericanas son y juegan como mexicanas. Esto es diferente a lo que obviamente ocurre con las futbolistas extranjeras. Para 2023 había 63 futbolistas extranjeras registradas en la Liga MX Femenil, procedentes de más de veinte países del mundo como se puede observar en la imagen 3. En el futbol varonil el tema de los extranjeros siempre ha sido un asunto polémico, puesto que hay quien atribuye a esto la falta de desarrollo y oportunidades a los jugadores mexicanos. Además, en los últimos mundiales la selección varonil ha convocado a jugadores no nacidos en México, y quienes se han naturalizado a una edad adulta como el caso de Sinha nacido en Brasil, y los nacidos en Argentina Guillermo Franco y Rogelio Funes Mori. La problemática de tener tantos jugadores extranjeros en plantillas varoniles llevó a la creación de la regla del jugador no formado en México (NFM) para limitar la cantidad de jugadores extranjeros que se inscriben en el campeonato mexicano después de cumplir los 18 años.

Cuando la Liga MX Femenil dio inicio no solo no se permitía contratar a futbolistas mexicoamericanas, tampoco era posible integrar a jugadoras extranjeras en los equipos. No obstante, en 2021 se dio apertura a que dos jugadoras extranjeras pudieran ser fichadas por cada equipo y en el Clausura 2022 la cantidad aumentó a cuatro. Evidentemente, este número no incluye a las jugadoras mexicoamericanas. Cuando el América Femenil obtuvo el campeonato del torneo Clausura 2023 jugaba con doce jugadoras que no habían sido formadas en el país: ocho mexicoamericanas, dos españolas, una estadounidense y una francesa. Esto nos hace preguntarnos qué oportunidades pueden tener las jugadoras formadas en México en ser contratadas y jugar como titulares en equipos que tienen el poder económico de contratar a estrellas internacionales y traer jugadoras mexicoamericanas que han pasado por años de entrenamiento de alto rendimiento. En el Torneo Apertura 2023, catorce de los dieciocho equipos ocuparon sus cuatro plazas de extranjeras. Puebla y Tigres tenían registradas a tres futbolistas extranjeras, mientras que Santos solo tenía una. Chivas es el único equipo que, como el resto de sus categorías, no juega con personas extranjeras.

Una de las cosas que más se ha criticado del futbol varonil es el negocio paralelo que se ha generado en cuanto a representantes que venden y compran jugadores extranjeros que no aportan a los equipos y quienes sí frenan el progreso de los futbolistas jóvenes mexicanos. La Liga MX Femenil no tiene este problema, por ahora. La mayoría de las jugadoras que han llegado como

FUTBOLISTAS EXTRANJERAS EN EL TORNEO APERTURA 2023

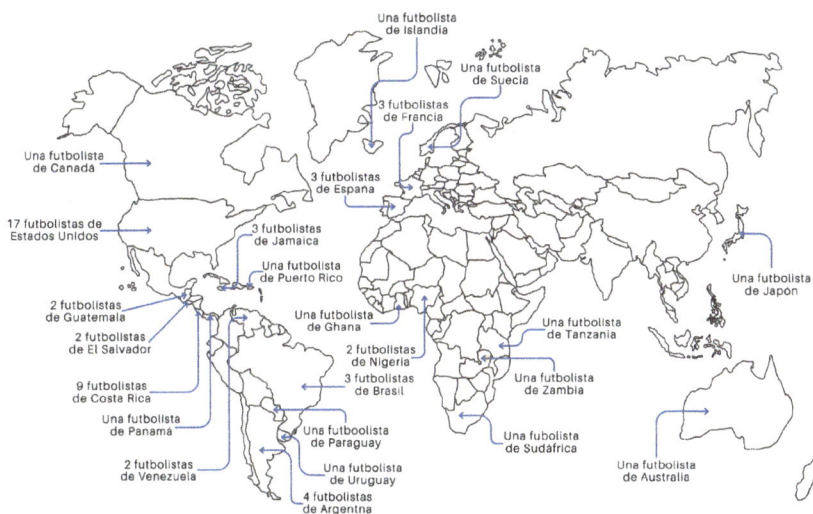

Imagen 3. Este mapa muestra la procedencia de las 63 futbolistas extranjeras que jugaban en la Liga en el Torneo Apertura 2023. Hay por lo menos una jugadora de 24 países diferentes como.

refuerzos desde el extranjero han sido fundamentales para sus equipos y han reforzado la competitividad de estos. Algunos casos específicos son las españolas Andrea Pereira y Jennifer Hermoso y las estadounidenses Mia Fishel y Angelina Hix, entre otras que se han convertido en grandes refuerzos para sus clubes.

El talento y profesionalismo de todas las jugadoras de la Liga MX Femenil es evidente. A finales de 2023 la liga femenil mexicana poseía el tercer lugar mundial en seguidores en redes sociales, solo superada por la NWSL y la liga femenil inglesa (@Letroblesrosa 2023), lo que la coloca por delante incluso de la española. La Liga MX va creciendo a pasos agigantados y esto, sin duda, se debe al talento mexicano, mexicoamericano y a las incorporaciones del extranjero. Finalmente, es importante resaltar que en todos los torneos de la Liga MX Femenil solo ha habido una campeona de goleo mexicoamericana, Maricarmen Reyes, en el Apertura 2023, empatando con Alicia Cervantes. Solo una jugadora extranjera, Mia Fishel, ha obtenido esta distinción en el campeonato Apertura 2022. Todas las demás goleadoras de la Liga han sido jugadoras formadas en México. De igual modo, las tres futbolistas que han sido galardonadas con el Balón de Oro como la mejor jugadora de la liga han sido formadas en México: Liliana Mercado, Alicia Cervantes y Charlyn Corral.

Resulta fundamental que los clubes mexicanos mantengan y apoyen con recursos a sus divisiones menores y fomenten el desarrollo de las jugadoras mexicanas y no se replique lo que ocurre en el futbol varonil mundial donde los intereses extracancha se imponen al desarrollo del futbol. Las futbolistas mexicoamericanas, por su parte, han aumentado la competitividad del torneo mexicano. Al mismo tiempo, las estadísticas que se mostraron anteriormente nos permiten cuestionar los procesos y sistemas de exclusión que existen actualmente en los Estados Unidos en torno a las futbolistas latinas y específicamente a las mexicoamericanas. Estas no solo tienen el derecho a usar su doble nacionalidad para jugar en la Liga Mexicana, sino también para representar a la selección que prefieran. Esta elección puede ser también una manera de curar "la herida abierta".

Ileana Dávila

Ileana Dávila es una de las entrenadoras más conocidas de la Liga MX Femenil. Después de su paso por Pumas femenil, se convirtió en analista de la liga femenil mexicana. Dávila estudió en la Escuela Nacional de Directores Técnicos de la Federación Mexicana e inició su carrera profesional como entrenadora en

2017 cuando se convirtió en la primera mujer a cargo de un equipo de fuerzas básicas de Pumas, la categoría 2006 varonil. En ese mismo año, cuando se disputó la Copa MX Femenil, Dávila fue elegida como la primera directora técnica de Pumas femenil. En este puesto permaneció ocho temporadas. Actualmente trabaja para Televisa, compañía que transmite a la mayoría de los equipos femeniles de la liga. Además de analizar partidos en vivo, Ileana Dávila participa en programas donde se discute el rendimiento deportivo de equipos y temas relacionados con la liga y las futbolistas mexicanas. Las siguientes son respuestas que la entrenadora profesional y analista ofreció a la autora a finales de 2023.

Carolina E. Alonso: Fuiste la única mujer en tu generación en la Escuela Nacional de Directores Técnicos de la Federación Mexicana. ¿Qué tan difícil fue estar en un ambiente considerado por muchas personas como masculino?

Ileana Dávila: Fue muy difícil porque por mucho tiempo es un ambiente que ha sido manejado por hombres y tratar de cambiar esa mentalidad ha sido complicado. No entendían cómo una mujer había pasado el examen, cómo una mujer estaba ahí. Me veían como si fuera rara, me hacían sentir incómoda. Muchas veces no quería ni bajar a la cafetería porque sentía la mirada de todos, hubo momentos de frustración, momentos en los que me hacían dudar en seguir, pero yo tenía que luchar por lo que yo quería aun a pesar de todo lo que pasaba. Algunos decían . . . ¿en qué vas a trabajar? Tú eres mujer y no vas a poder . . . te vas a tener que ir a vivir a otro país . . . y así muchos momentos difíciles en donde también invadieron mi intimidad. También tengo que decir que hubo algunos compañeros que me apoyaban y me protegían. Solo mi resiliencia, mis ganas y el poder cumplir mi sueño me hizo seguir adelante.

C. E. A.: Cuando te convertiste en la entrenadora de Pumas Femenil comentaste que te sentías afortunada de poder abrirle el camino a más entrenadoras y mujeres involucradas en el futbol. ¿Cómo te sientes ahora que no solamente has sido entrenadora profesional sino también analista deportiva para una televisora internacional?

I. D.: Imagínate, me siento contenta y orgullosa por lo que hasta ahora se ha conseguido. Ser de las primeras directoras técnicas de la Liga y hoy estar en una empresa como lo es Televisa que desde un principio apoyó al futbol femenino y ser la primera DT que salió de la Liga para formar parte del equipo de analistas, y seguir abriendo camino a más mujeres que nos apasiona este deporte me hace sentir orgullosa pero a la vez comprometida a seguir creciendo y trabajando para que el futbol femenino sea un espacio para el desarrollo de las mujeres.

C. E. A.: ¿Crees que algún día exista una mayoría de entrenadoras en la Liga MX Femenil? ¿Cómo se pueden seguir abriendo estos espacios?

I. D.: Me encantaría y espero así sea, cada vez hay más mujeres interesadas en estudiar para ser directoras técnicas, y se pueden seguir abriendo estos espacios preparándonos más, siendo profesionales, comprometidas con nuestro trabajo y demostrando de todo lo que somos capaces.

Notas

1 En la competencia futbolística de los Juegos Panamericanos, al igual que en los Juegos Olímpicos, las categorías femeniles pueden ser representadas por sus selecciones mayores. En la división varonil de estas dos competencias deportivas los países son representados por jugadores de categorías menores.

2 Guadalajara tenía registrada en el primer equipo a la jugadora de 23 años Alessandra Ramírez, nacida en Los Ángeles, California. No obstante, hasta la fecha en que se escriben estas páginas, la futbolista no había debutado todavía.

3 A finales de 2023 la clasificación de la FIFA tenía a Suecia y España por delante de Estados Unidos. Sin embargo, la USWNT continúa teniendo un palmarés muy por encima de cualquier otra selección femenil. Lo cierto es que España aparece ahora como un fuerte contendiente a pelear por la cima del futbol femenil. A nivel de clubes el Barcelona Femení se ha convertido en el mejor equipo del mundo y las selecciones españolas han conseguido el campeonato mundial de la FIFA en todas las categorías femeniles: en la categoría sub-17 ganaron en los mundiales de Uruguay 2018 e India 2022. La selección sub-20 ganó el mundial de Costa Rica 2022 y la selección mayor fue campeona en Australia y Nueva Zelanda 2023.

4 Entre las cosas que le han criticado a la selección femenil de EE. UU. se encuentra la lucha por la igualdad salarial que emprendieron las jugadoras y que como ya se mencionó han obtenido. Asimismo, parte de la población conservadora del país criticó el apoyo que algunas jugadoras ofrecieron al movimiento *Black Lives Matter*, específicamente a las protestas que llevaron a cabo durante muchos partidos al no cantar el himno nacional y/o al hincarse cuando se realizaba la ceremonia de los himnos.

5 El "dos a cero" es un cántico que la afición estadounidense entona en partidos en contra de la selección mexicana. Esto debido a que en febrero de 2001 México enfrentó a EE. UU. en Columbus, Ohio y el combinado estadounidense ganó por marcador de 2–0. Este marcador se repitió en otras tres ocasiones también en Columbus, por lo que el "dos a cero" se ha vuelto un recordatorio a modo de mofa.

6 Este equipo es parte de OL Groupe, dueños de los equipos franceses Olympique Lyonnais femenil y varonil.

7 Durante el campeonato Premundial Femenino Concacaf W de 2020 que se jugó en Monterrey, Rapinoe apareció en la zona de entrevistas con la camiseta de Tigres Femenil, la cual llevaba su nombre detrás. La futbolista es amiga de quien fuera la directora técnica de Tigres femenil en ese momento, la canadiense Carmelina Moscato. Las imágenes fueron tendencia en redes sociales con gente pidiendo la contratación de Rapinoe para el equipo nuevoleonés.

8 Podemos resaltar un primer lugar en una Copa Confederaciones (1999) y una medalla de oro en los Juegos Olímpicos de Londres 2012, aunque este equipo estaba formado en su mayoría por futbolistas de la categoría sub-23.

9 Cita originalmente escrita en inglés y traducida al español por la autora.

10 ONCE Diario es uno de los diarios electrónicos que sí cubre el futbol femenil de manera constante y relevante. Este medio deportivo es del norte de México por lo que cubren extensamente a las Rayadas y a Tigres, pero también comparten notas de todos los equipos femeniles de la Liga y de la selección femenil.

11 La cita fue traducida del inglés al español por la autora.

12 Lo mismo ocurre con otros grupos minoritarios establecidos en los Estados Unidos como las personas colombianas, salvadoreñas, entre muchas otras.

13 Este tipo de dinámicas también ocurren públicamente fuera del futbol como el caso de la agrupación musical Yahritza y Su Esencia. Cuando sus integrantes mencionaron no tener preferencia por la comida mexicana fueron atacados fuertemente y se convirtieron en blanco de burlas. Que la "mexicanidad" del grupo haya quedado en entredicho por los alimentos que prefieren comer muestra el poco entendimiento que generalmente se tiene de la complejidad que suele acompañar a la experiencia mexicoamericana. Por otro lado, en México se celebró cuando un niño estadounidense dijo en un video querer ser mexicano, ya que le gustaba comer quesadillas. Unos días después de que se viralizara este video, la selección mexicana invitó al niño a conocer a futbolistas de la selección. Le regalaron un uniforme del equipo y en redes sociales se le adoptó como un mexicano más.

14 Para leer más sobre el genocidio lingüístico que sufrieron los indígenas en América del Norte y cómo el sistema educativo ha reprimido los idiomas nativos véase el libro The Language Warrior's Manifesto (2020) del miembro de la nación Ojibwe y académico, Anton Treuer.

15 La cita fue traducida del inglés al español por la autora.

16 A diferencia de la selección femenil, la selección varonil estadounidense sí se ha caracterizado por tener más diversidad en términos de raza y etnia en sus plantillas.

17 El llamado one time switch ha sido también utilizado por el futbolista mexicoamericano Alejandro Zendejas, quien al igual que Huerta decidió representar a Estados Unidos definitivamente.

18 La cita fue traducida del inglés al español por la autora.

19 La cita se ha mantenido tal cual fue escrita, puesto que es importante mantener el cambio de código de Anzaldúa y el cual representa la identidad lingüística de un gran número de personas mexicoamericanas.

20 La Encyclopedia of Activism and Social Justice menciona que cuando la venta ocurrió el número de pobladores superaba los cien mil (Clark 2007, 1391–1392).

CONCLUSIÓN

OTRAS MANERAS DE ENTENDER EL FUTBOL: EL AMOR Y LA SORORIDAD EN EL FUTBOL FEMENIL MEXICANO

Las mujeres mexicanas que de alguna forma u otra son parte del futbol femenil continúan contestando, resistiendo y venciendo los desafíos sociales y sistémicos que se les presentan. Muchas de las historias mostradas en las páginas anteriores son ejemplos específicos de sororidad y de amor por el futbol femenil mexicano. Estos relatos nos invitan a apreciar el futbol femenil de manera distinta a la que hegemónicamente asociamos con este deporte. No se trata de percibir o vivir el futbol con menos "pasión", sino de redefinir las concepciones sobre la competitividad y el espíritu deportivo que se nos han impuesto. Las rivalidades que se dan en el campo de futbol pueden ser igual o más férreas que las que se dan en el futbol varonil, pero eso no impide que las futbolistas tengan amistades, parejas, y relaciones casi de familia con compañeras de otros equipos. La sororidad, la amistad y el amor son parte fundamental del futbol femenil, igual que lo son la competitividad y el profesionalismo.

Mientras finalizaba este libro se estaba terminando también el campeonato Apertura 2023 de la Liga MX Femenil. Tigres se impuso al América en la final y se coronó campeón de liga por sexta vez. Tuve la oportunidad de estar presente en la final de vuelta en el Estadio Universitario de Nuevo León. Antes de que iniciara el partido, el cual reunió a más de treinta y ocho mil personas, un grupo de aficionadas sentadas a mi alrededor empezó a corear el nombre de una de las árbitras del partido, Priscilla Stephanía Pérez Borja. Una de las señoras de la porra, Ivone Rodríguez Díaz, quien asiste a todos los partidos de Tigres Femenil con sus dos hijas, contó que siempre apoya a esta árbitra mientras nos enseñaba orgullosamente las tarjetas amarilla y roja que Pérez Borja le firmó y regaló meses atrás y de las que presume en la imagen 4. Durante el reconocimiento de la cancha y cuando la árbitra calentaba en el campo, la porra gritaba "Pérez Borja, Pérez Borja", mientras esta sonreía y les saludaba.

En el momento en el que inició el partido —juego áspero y de alta intensidad— la porra ya no "apoyaba" a la árbitra sino que les gritaba a todas las árbitras que pusieran atención que se "[pusieran] lentes", entre muchas otras frases y reclamos. Al final de cuentas, las árbitras y árbitros en todos los deportes, y claro está también en el futbol, son el blanco de las críticas y reclamos de todas las aficiones. Las gradas no les perdonan un error. No obstante, cuando terminó el partido, el grupo de aficionadas volvió a reconocer a la árbitra coreando su nombre. Minutos después, ya cambiada y lista para abandonar el estadio, la árbitra subió a las gradas; le dio un abrazo a la señora, saludó a las aficionadas que estaban alrededor y se marchó. Cuento esta anécdota para ejemplificar las interacciones que pasan en el futbol femenil que raramente vemos en la categoría varonil. De hecho, las árbitras mexicanas, y de todo el mundo, son constantemente víctimas de conductas violentas por parte de aficiones e incluso de jugadores en el futbol varonil.[1]

El futbol femenil nos invita a reimaginar las conductas tóxicas normalizadas como parte intrínseca del futbol. Esto no quiere decir que las árbitras no sean abucheadas, criticadas y hasta insultadas en el futbol femenil. Lo que sucede en el futbol femenil es que muchas mujeres logran diferenciar que se trata de un trabajo que se lleva a cabo dentro de la cancha y que cuando este termina no existe un odio más allá que la competencia deportiva. Muchas futbolistas nos muestran esto al apoyarse en redes sociales, antes y después de partidos incluso cuando son rivales de la misma liga.

La investigación que por más de tres años realicé para este libro y las cuantiosas horas que he pasado disfrutando del futbol femenil, me llevan a pensar que esta lucha ha estado siempre guiada por amor, o por lo que yo llamo el "*futlove* femenil". Este término recapitula gran parte de lo que está ocurriendo en torno a las mujeres y al futbol mexicano. Cuando uso la combinación de las palabras "futbol" y "*love*" no lo hago con la intención de presentar un término frívolo o de sentimentalismo que conlleva un simple e idealizado afecto por el futbol. Mi uso de "*love*", o amor, viene del análisis realizado por la académica afroamericana y feminista, bell hooks, en su libro *All About Love* (2001). Para

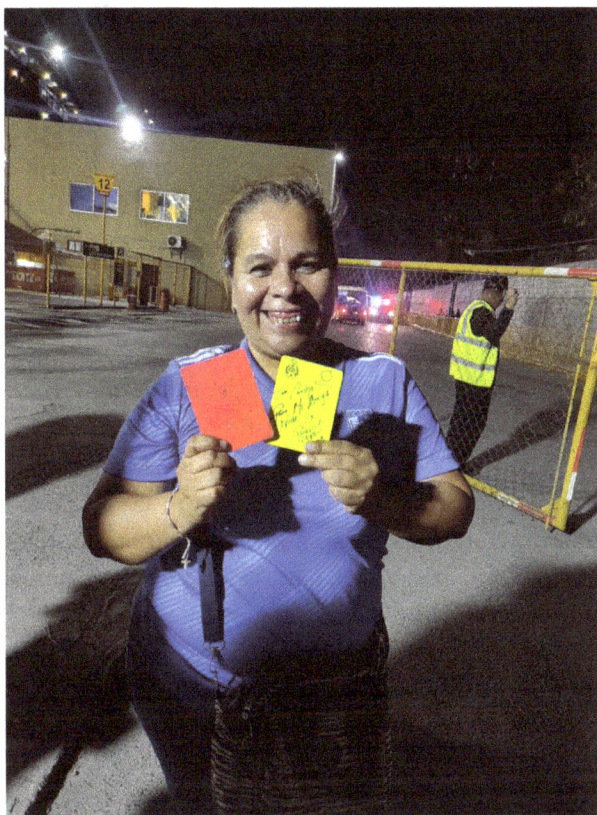

Imagen 4. La señora Ivone Rodríguez Díaz mostrando las tarjetas arbitrales que le regaló la árbitra Pérez Borja después de un partido de la Liga MX Femenil. Foto de Ivone Rodríguez.

hooks, el amor representa una fuerza capaz de transformar al individuo, a la comunidad y a la sociedad. Esta nos explica lo siguiente: "Para amar de verdad debemos aprender a mezclar varios ingredientes —cuidado, cariño, reconocimiento, respeto, compromiso y confianza, así como una comunicación honesta y abierta" (5). Las historias de lucha, resistencia y sororidad que se han narrado en este libro nos muestran cómo en el futbol femenil mexicano se emplean estos "ingredientes" necesarios para amar, no solo al deporte, sino a quienes forman parte de este. Uno de los ejemplos más claros de esto es el de la Barra Feminista, un grupo de mujeres mexicanas que están cambiando la manera de apoyar a las futbolistas de la Liga MX Femenil a través de la sororidad.

hooks (2001) nos invita a vivir bajo una ética de amor que presupone que todas las personas tienen el derecho de ser libres y vivir plenamente (87).

Muchas de las mujeres que gravitan en el espacio del futbol mexicano, ya sean futbolistas, entrenadoras, directivas, o fanáticas —como la Barra Feminista— continúan la lucha para que esta presunción sea verdad y las mujeres puedan vivir libres de violencia dentro y fuera de las canchas. Esta ética de amor a la que se refiere hooks nos obliga a ser valientes y aceptar los cambios que sean necesarios (87), lo que en el contexto específico del futbol también implica alzar la voz y exigir la cooperación de las personas que se rehúsan a incluir a las mujeres en su visión del futbol. Finalmente, hooks nos recuerda que sin justicia no puede haber amor (30). Con relación al futbol femenil en México, sin justicia no hay amor ni podrá jamás existir la equidad.

El camino para conseguir esta equidad dentro de este deporte es todavía largo. No obstante, las futbolistas, periodistas, entrenadoras, árbitras y demás mujeres que están dentro del ambiente del futbol están luchando no solo por su propio beneficio, sino por el de sus compañeras, las que tienen a su lado y las que vienen atrás. Como se mostró en las páginas anteriores, esta lucha no es contemporánea ya que inició hace décadas en diferentes partes del mundo y continuará ocurriendo en el futuro hasta que las miles de Katty Martínez[2] que ahora juegan en las calles, en torneos *amateurs* —e incluso las futbolistas profesionales— puedan disfrutar del futbol sin que este sea un "juego peligroso".

Las mujeres estamos remontando este partido.

Notas

1 Una de las anécdotas más recordadas es la de la primera vez que una árbitra fungió como árbitra central en la liga varonil, en 2004. Virginia Tovar fue la silbante de ese encuentro y quien recibió insultos sexistas, particularmente de Cuauhtémoc Blanco, quien le dijo al final del encuentro "Ponte a lavar platos" ("Cuauhtémoc Blanco y la vez que mandó" 2022).

2 En las primeras páginas de este libro se habló sobre la falta de referentes que tenían las futbolistas en la década de los setenta y cómo Alicia Vargas fue apodada "La Pelé" precisamente por esto. Sin embargo, cada vez son más las niñas que acuden a los estadios mexicanos con pancartas y camisetas de futbolistas como Martínez, Alicia Cervantes o Ceci Santiago, entre muchas otras. Las niñas y mujeres contamos ya con gran representación en el futbol, dentro y fuera de las canchas. Mucho de esto es gracias a la Liga MX Femenil y a su cobertura en los medios de comunicación.

BIBLIOGRAFÍA

Abé, Nicola, Cristoph, Maria, et al. "Harassment of Women Journalists: 'We're Going to Stab You and Bury You'". *Der Spiegel*, 15 de febrero 2023, www.spiegel.de/international/world/harassment-of-women-journalists-we-re-going-to-stab-you-and-bury-you-a-09e270ff-94d7-47a8-bc08-bcb206867eed.

Adá-Lameiras, Alba, et al. "La representación de las futbolistas en los gif de Twitter". *Feminismo digital. Violencia Contra las mujeres y brecha sexista en Internet*, editado por Tasia Aránguez Sánchez y Ozana Olariu, Dykinson, 2021, 265–286.

Alabarces, Pablo. *Historia mínima del fútbol en América Latina*, El Colegio de México, 2018. Kindle.

Allyn, Bobby. "Researchers: Nearly Half of Accounts Tweeting about Coronavirus Are Likely Bots". *NPR*, 20 de mayo 2020, www.npr.org/sections/coronavirus-live-updates/2020/05/20/859814085/researchers-nearly-half-of-accounts-tweeting-about-coronavirus-are-likely-bots.

Amezcua, Melissa. "La violencia digital contra Marion Reimers: cuando la misoginia se vuelve deporte". *El País México*, 8 de diciembre 2022, https://elpais.com/mexico/2022-12-08/la-violencia-digital-contra-marion-reimers-cuando-la-misoginia-se-vuelve-deporte.html?utm_medium=Social&utm_source=Twitter&ssm=TW_CM_MX#Echobox=1670508133-1

Anzaldúa, Gloria. *Borderlands: La Frontera: The New Mestiza*. San Francisco: Spinsters/Aunt Lute, 2007.

Añorve, Daniel. "El desarrollo del fútbol femenil en México: entre la policía y la política en los procesos de inclusión y exclusión (1970–2019)". UEPG: Ciencias Sociais Aplicadas, Universidade Estadual de Ponta Grossa (UEPG), 14 de agosto 2019. DOI: 10.5212/PubliCatioCi.Soc.v.27i1.0001

Aránguez Sánchez, Tasia. "La cuarta ola feminista, contra el sexismo digital". *Feminismo digital. Violencia contra las mujeres y brecha sexista en Internet*, editado por Tasia Aránguez Sánchez y Ozana Olariu, Dykinson, 2021, 381–397.

"Ardientes mensajes para las Senadoras". *YouTube*, Univisión, 13 enero 2010, https://youtu.be/1Rk-z1EfBtQ?si=4F41DzgMbYcZMcTg

Atayde, Minelli. "FC Juárez Femenil, así se es futbolista en una ciudad feminicida". *Grupo Milenio* 9 de marzo 2020. https://www.milenio.com/fc-juarez/fc-juarez-femenil-futbolista-ciudad-feminicida Accedido 1 de agosto 2022.

Bajo-Pérez, Irene y Begoña Gutiérrez San Miguel. "Ciberviolencias machistas en Instagram: relación entre el número de seguidores y seguidoras y la violencia recibida". *Feminismo digital. Violencia contra las mujeres y brecha sexista en Internet*, editado por Tasia Aránguez Sánchez y Ozana Olariu, Dykinson, 2021, 711–730.

Boden, Natalie. "Soccer's next Frontier: Latinas". *HispanicAd.Com*, 22 de junio 2023, hispanicad.com/news/soccers-next-frontier-latinas/.

Burhan, Asif. "FC Barcelona Women's Team Generate Highest Revenue in Deloitte Money League". *Forbes*, 19 de enero 2023, www.forbes.com/sites/asifburhan/2023/01/19/fc-barcelona-womens-team-generate-highest-revenue-in-deloitte-money-league/?sh=1b5272b1b7b0.

Caña, Alan. "Liga MX Femenil: Nailea Vidrio recibió amenazas de muerte por …" *Debate*, 20 de marzo 2022, www.debate.com.mx/deportes/Liga-MX-Femenil-Nailea-Vidrio-denuncia-que-ha-recibido-amenazas-de-muerte-por-revelar-acoso-de-aficionados-20220320-0111.html.

Capistrán, Miguel. "Un día como hoy hace más de ciento". *México se escribe con J: una historia de la cultura gay*, editado por Michael K. Schussler y Miguel Capistrán, Debolsillo, 2018, 31–41. Kindle.

Castillo Planas, Melissa. "It's her Gooooaalll!!!!!!: Centering Latina Athletes in Yamile Saied Méndez's *Furia*". *Label Me Latina/o*. Special Issue on YA Latinx Literature Archives, 2021. labelmelatin.com/?cat=53. Accedido 18 de julio 2023.

Cerrillo, Shelma. "Cuando el futbol femenil nos recuerda la impunidad en feminicidios". *Cuestione*, 26 de agosto 2019, https://cuestione.com/especiales/cuando-el-futbol-femenil-nos-recuerda-la-impunidad-en-feminicidios/

Cerva Cerna, Daniela. "La protesta feminista en México. La misoginia en el discurso institucional y en las redes sociodigitales". *Revista Mexicana de Ciencias Políticas y Sociales*, vol. 65, no. 240, septiembre 2020, 177–205. EBSCOhost, https://doi-org.fortlewis.idm.oclc.org/10.22201/fcpys.2448492xe.2020.240.76434.

Chesini, Franco. "Jesús Ramírez reveló la postura que tomará el club en el caso Deneva Cagigas". *Dale Azul y Oro*, 21 de marzo 2021, https://dalepumas.bolavip.com/noticias/Deneva-Cagigas-Jesus-Ramirez-le-dio-su-apoyo-a-la-jugadora-de-Pumas-Femenil-20210319-0003.html

Clark, Lisa Hoffman. "Treaty of Guadalupe Hidalgo". *Encyclopedia of Activism and Social Justice*. Ed. Gary L. Anderson, and Kathryn G. Herr. Thousand Oaks, CA: SAGE Publications, 2007. 1391–93.

Clarke, Gemma. "Meet Britain's First Woman Soccer Player, Nettie J. Honeyball". Literary Hub, 6 de junio 2019, lithub.com/meet-britains-first-woman-soccer-player-nettie-j-honeyball.

"Clasificación 2022: tabla de países". *Reporteros sin fronteras*, 24 de mayo 2022, https://www.rsf-es.org/clasificacion-2022-tabla-de-paises/

Club América. Foto de perfil actualizada. *Facebook*, 31 de mayo 2023. https://www.facebook.com/110096398267/posts/10161968643858268/?substory_index=1003602127450526&mibextid=cr9u03 Accedido el 1 de junio 2023.

—. "Porque el amor debe ser libre y lleno de color". *Facebook*, 28 de junio 2023. https://www.facebook.com/110096398267/posts/pfbid0RTW9XgYbELEpE7MX6fQ1dRcWRCieXyneLScKswEHWBNeiW5wdJFsjDBrMiuubPL4l/?mibextid=cr9u03 Accedido 29 de junio, 2023.

"Código Penal Federal". *Cámara de Diputados LXV Legislatura*, 6 de junio 2023, www.diputados.gob.mx/LeyesBiblio/pdf/CPF.pdf.

Collier, Kevin. "Twitter Whistleblower Testifies before Senate". *NBCNews.Com*, 13 de septiembre 2022, www.nbcnews.com/tech/security/twitter-whistleblower-testifies-senate-rcna47484.

Connell, R. W. y James W. Messerschmidt. "Hegemonic Masculinity: Rethinking the Concept". *Gender and Society*, vol. 19, no. 6, 2005, pp. 829–59. JSTOR, http://www.jstor.org/stable/27640853. Accedido 7 julio 2023.

Correas, Ferran. "El Barça Femenino tendrá dos millones de beneficio este curso". *Sport*, 7 de sept. 2023, www.sport.es/es/noticias/barca/barca-femenino-tendra-millones-beneficio-91826268.

"Craig Harrington, ex técnico del América, es suspendido 2 años en la NWSL por acoso". *MARCA*, 10 de enero 2023, https://us.marca.com/soccer/futbol-femenino/2023/01/10/63bcffe4e2704e7f0b8b45c5.html.

"Cuauhtémoc Blanco y la vez que mandó a lavar platos a Vicky Tovar". *Mediotiempo*, 11 de abril 2022, www.mediotiempo.com/futbol/liga-mx/cuauhtemoc-blanco-y-la-vez-que-mando-a-lavar-platos-a-virginia-tovar.

Das, Andrew. "U.S. Soccer and Women's Players Agree to Settle Equal Pay Lawsuit". *The New York Times*, The New York Times, 22 de febrero 2022, www.nytimes.com/2022/02/22/sports/soccer/us-womens-soccer-equal-pay.html.

Diez, Jordi. "La trayectoria política del Movimiento Lésbico-Gay en México". *Estudios Sociológicos*, vol. 29, no. 86, mayo 2011, pp. 687–712. EBSCOhost, research.ebsco.com/linkprocessor/plink?id=13540210-ae1d-3624-8a54-9b466f688fb7.

Domínguez-Ruvalcaba, Héctor. *Latinoamérica queer: cuerpo y política queer en América Latina*; Traducción de Sonia Verjovsky Paul. Ariel, 2019.

"El Barça pierde con 'orgullo' seguidores en Instagram". *Sport*, 2 de julio de 2023, www.sport.es/es/noticias/barca/barca-pierde-orgullo-seguidores-instagram-89380947.

"El machismo de un diario mexicano: la hija de Figo cumple 18, ya es 'cancha reglamenta- ria'". *El Español*, 18 de abril 2017, www.elespanol.com/deportes/futbol/20170418/20947952 4_0.html.

"El que no salte es un chivo Mari … serenata América vs Chivas semifinal". *YouTube*, 20 de mayo 2023, www.youtube.com/watch?v=Lslg14jcgxg.

El Universal Deportes. "Alicia Vargas 'La Pelé' y su testimonio de un México vs Austria". *You- Tube*, 12 de diciembre, 2020, https://youtu.be/LVm1o5vuVOM.

Elder, Miriam. "Russia Passes Law Banning Gay 'Propaganda'". *The Guardian*, 11 de junio 2013, www.theguardian.com/world/2013/jun/11/russia-law-banning-gay-propaganda.

"En busca de la dignidad del futbol femenil en México". *San Diego Union-Tribune Español*, 13 de agosto 2021, www.sandiegouniontribune.com/en-espanol/noticias/mexico/articulo/ 2021-08-13/en-busca-de-la-dignidad-del-futbol-femenil-en-mexico.

Elsey, Brenda y Joshua Nadel. *Futbolera: A History of Women and Sports in Latin America*. Uni- versity of Texas Press, 2019.

Enten, Harry. "The US May Have Lost in the World Cup, but Soccer Is More Popular than Ever in America". *CNN*, Cable News Network, 12 de diciembre 2022, www.cnn. com/2022/12/12/football/soccer-popularity-us-world-cup-spt-intl/index.html.

Espinosa Damián, Gisela y Ana Lau Jaiven. "Introducción". *Un fantasma recorre el siglo: luchas feministas en México (1910–2010)*, editado por Gisela Espinosa Damián y Ana Lau Javien, Editorial Itaca, Ciudad de México, 2013, pp. 9–22.

"Eva Espejo: Denunció a Craig Harrington de agredir verbalmente a sus jugadoras". *Record.com. mx*, 24 de enero 2022, www.record.com.mx/futbol-futbol-nacional-liga-femenil-mx/eva-esp ejo-denuncio-a-craig-harrington-de-agredir-verbalmente

Farías, Janelly. "Soccer Does Not Need to Be a Bastion of Hate and Homophobia". *Advocate.com*, 11 de junio de 2019, www.advocate.com/commentary/2019/6/11/soccer-does-not-need-be- bastion-hate-and-homophobia.

FC Blackpool. "A Message from Jake Daniels". *Blackpool FC*, 9 de junio 2022, www.blackpoolfc. co.uk/news/2022/may/16/a-message-from-jake-daniels/.

Fernández, Jessica. "Mexicanas al grito de gol", *Más allá del Rosa*, 31, 3 de octubre, 2022, https:// open.spotify.com/episode/4myfSrNWqFZ8mAotW8uTx9?si=o-m67eyDQRyzpaGphh6 RnQ&nd=1&dlsi=cd75c403e6de445c. Accedido 19 de septiembre, 2023.

Figueroa, Juan Manuel. "Así nació el polémico grito homofóbico; su creador no le enorgullece". *Mediotiempo*, 18 de junio 2021, www.mediotiempo.com/futbol/asi-nacio-el-polemico-grito- homofobico-a-su-creador-no-le-enorgullece.

"Final de futbol femenil mexicano alcanza audiencia histórica". *TelevisaUnivision*, 15 de noviembre 2022, https://corporate.televisaunivision.com/press/2022/11/15/final-de-futbol- femenil-mexicano-alcanza-audiencia-historica/

"FMF y Liga BBVA MX presentaron el nuevo protocolo contra la violencia y por la diversidad e inclusión", 2023. https://fmf.mx/noticia/fmf-y-liga-bbva-mx-presentaron-el-nuevo-protoc olo-contra-la-violencia-y-por-la-diversidad-e-inclusion_1534. Accedido 18 de julio 2023.

Foucault, Michel. *Vigilar y castigar: nacimiento de la prisión*. Siglo Veintiuno Editores Argen- tina, 2002.

Fregoso, Rosa-Linda y Cynthia L Bejarano. "Introduction: A Cartography of Feminicide in the Americas". *Terrorizing Women: Feminicide in the Américas*, editado por Rosa-Linda Fregoso y Cynthia Bejarano, Duke University Press, 2010, 1–44.

Friend, Nina. "USWNT's Ashley Sanchez and Sofia Huerta on their Dual Identities as Mexican Americans". *NBC Sports*, NBC Sports, 2 de julio 2023, www.nbcsports.com/on-her-turf/news/uswnt-womens-world-cup-ashley-sanchez-sofia-huerta-mexican-americans.

Frieros, Toni y Miki Soria. "La plantilla del Barça Femenino ha pedido el adiós de Lluís Cortés". *Sport*, 18 de junio 2021, www.sport.es/es/noticias/futbol-femenino/plantilla-barca-femenino-pedido-adios-11836548.

Gaytán, Marie Sarita y Matthew L. Basso. "The Political Economy of *Puto*: Soccer, Masculinities, and Neoliberal Transformation in Mexico". *Frontiers: A Journal of Women Studies*, vol. 43 no. 2, 2022, p. 28–61. Project MUSE, doi:10.1353/fro.2022.0011.

Grinnell, Lucinda. "Los derechos humanos y el internacionalismo en el Movimiento Lésbico-Gay Mexicano, 1979–1991". *Debate Feminista*, vol. 52, octubre 2016, pp. 72–89. EBSCO-host, https://doi-org.fortlewis.idm.oclc.org/10.1016/j.df.2016.09.007.

Gruzinski, Serge. "Las cenizas del deseo. Homosexuales novohispanos a mediados del siglo XVII". *De la santidad a la perversión: o de porqué no se cumplía la ley de Dios en la sociedad novohispana*, editado por Sergio Ortega Noriega, Grijalbo, 1986, pp. 255–281.

Guerrero, Jean. "3 Million People Were Deported under Obama. What Will Biden Do about It?" *The New York Times*, 23 de enero 2021, www.nytimes.com/2021/01/23/opinion/sunday/immigration-reform-biden.html.

Guerrero, Mario. "'El que no salte es un wilo Mari . . .' y los jugadores de Chivas saltaron". *Diario AS*, 16 de marzo 2023, mexico.as.com/videos/el-que-no-salte-es-un-wilo-mari-y-los-jugadores-de-chivas-saltaron-v/.

Hernández, Adrianelly. "Un año sin Marbella Ibarra. Un caso sin justicia y en silencio". *Diosas Olímpicas*, 17 de octubre 2019, diosasolimpicas.com/un-ano-sin-marbella-ibarra-un-caso-sin-justicia-y-en-silencio/.

hooks, bell. *All About Love. New Visions.* New York: William Morrow Paperbacks, 2001.

—. "Understanding Patriarchy". *The Anarchist Library*, 2010, theanarchistlibrary.org/library/bell-hooks-understanding-patriarchy.

"Informes: balance anual 2022: nuevo récord de periodistas encarcelados en el mundo". *Reporteros Sin Fronteras*, 14 de diciembre 2022, www.rsf-es.org/informes-balance-anual-2022-nuevo-record-de-periodistas-encarcelados-en-el-mundo/.

Instituto Nacional de Estadística y Geografía (INEGI). "Conociendo a la población LGBTI+ en México". www.inegi.org.mx/tablerosestadisticos/lgbti/#:~:text=En%202021%2C%20el%20total%20de,y%20m%C3%A1s%20en%20el%20pa%C3%AD. Accedido 17 July 2023

—. "Encuesta Nacional Sobre Diversidad Sexual y de Género (ENDISEG) 2021". *INEGI*, www.inegi.org.mx/programas/endiseg/2021/. Accedido 18 de julio 2023.

Instituto Nacional de las Mujeres. "Mujeres de 18 a 24 años tienen 27% más de probabilidad de ser víctimas de violencia en línea". *Gob.Mx*, 2022, www.gob.mx/inmujeres/es/articulos/la-cirberviolencia-y-el-ciberacoso-es-una-realidad-que-debe-ser-visibilizada-con-datos?idiom=es. Accedido 10 de junio 2023.

Jaiven, Ana Lau. "Emergencia y transcendencia del neofeminismo". *Un fantasma recorre el siglo: luchas feministas en México (1910–2010)*, editado por Gisela Espinosa Damián y Ana Lau Javien, Editorial Itaca, Ciudad de México, 2013, pp. 149–180.

Jaramillo Seligmann, Carolina. *Balón de cristal, una historia del fútbol femenino en Colombia*. Bogotá, Planeta Colombia, 2021.

Jiménez, Daniel. "Alicia Cervantes renuncia al Atlas debido a su bajo sueldo". *Sdpnoticias*, 9 enero, 2018, www.sdpnoticias.com/deportes/cervantes-renuncia-alicia-atlas.html.

Juárez, Blanca. "Las elegidas del futbol". *El Economista*, 30 de julio de 2019, www.eleconomista.com.mx/deportes/Las-elegidas-del-futbol-20190730-0010.html.

Junquera, Natalia. "Qatar reconoce la muerte de al menos 400 trabajadores migrantes en la preparación del Mundial". *El País*, 29 de noviembre 2022, https://elpais.com/deportes/mundial-futbol/2022-11-29/qatar-reconoce-la-muerte-de-al-menos-400-trabajadores-migrantes-en-la-preparacion-del-mundial.html.

Kemp, Simon. "Digital 2023: Mexico", *DataReportal*, 13 de febrero 2023, https://datareportal.com/reports/digital-2023-mexico.

Kim, Seohyun e Israel Fisseha Feyissa. "Conceptualizing 'Family' and the Role of 'Chosen Family' within the LGBTQ+ Refugee Community: A Text Network Graph Analysis". *Healthcare (Basel, Switzerland)* vol. 9,4 369. 25 de marzo 2021, doi:10.3390/healthcare9040369

Knight, Brett. "Lista Forbes: Alexia Putellas, tercera futbolista mejor pagada del Mundial de mujeres: este es el ranking completo". *Forbes España*, 25 de julio 2023, forbes.es/listas/315929/lista-forbes-alexia-putellas-tercera-futbolista-mejor-pagada-del-mundial-de-mujeres-este-es-el-ranking-completo/.

"La brecha salarial de género en el empleo formal ha disminuido de 2018 a 2021". *Gobierno de México*, 2022, www.gob.mx/conasami/prensa/la-brecha-salarial-de-genero-en-el-empleo-formal-ha-disminuido-de-2018-a-2021#:~:text=Considerando%20a%20la%20poblaci%C3%B3n%20ocupada,y%20los%20hombres%20de%2454.10. Accedido 5 de julio 2023.

"La madre de Rubiales, en huelga de hambre por la 'cacería inhumana y sangrienta' a su hijo". *MARCA*, 28 de agosto 2023, www.marca.com/futbol/2023/08/28/64ec63b846163f05b58b459e.html.

Lagarde, Marcela. "Del femicidio al feminicidio". *Desde El Jardín de Freud*, no. 6, enero 2006. EBSCOhost, research.ebsco.com/linkprocessor/plink?id=15047e0d-30b4-3e9b-9bfc-e62093dfef20.

—. "Las mujeres queremos el poder". *Revista Envío*, marzo de 2001, www.envio.org.ni/articulo/1067.

"Liga MX Femenil: La Liga con más seguidores en redes sociales a nivel mundial". *Diario AS*, 7 de enero 2022, mexico.as.com/mexico/2022/01/07/futbol/1641590536_096199.html.

Luna Cruz, Édgar. "El día que Maribel Domínguez quiso jugar con los hombres y FIFA lo impidió". *El Universal*, 23 de julio 2022, www.eluniversal.com.mx/universal-deportes/el-dia-que-maribel-dominguez-quiso-jugar-con-los-hombres-y-fifa-lo-impidio.

Magoun, Francis P. "Scottish Popular Football, 1424–1815". *The American Historical Review*, vol. 37, no. 1 de octubre 1931, pp. 1–13. EBSCOhost, discovery.ebsco.com/linkprocessor/plink?id=28a9dd8f-e0e1-3c3d-ad2c-7295b692234d.

"Marion Reimers, acusada de plagio y violencia laboral por colaboradora". *Mediotiempo*, 24 de agosto de 2023, www.mediotiempo.com/otros-mundos/marion-reimers-acusada-plagio-violencia-laboral-episodios-fuertes-vida.

McCuaig, Margot, directora. *Honeyballers, The history of the Scotland Women's National Football Team*. 2013.

McPherson, Don. *You Throw Like a Girl: the Blind Spot of Masculinity*. Edge of Sports, 2019.

Meyer, Lorenzo. "Estados Unidos y la evolución del nacionalismo defensivo mexicano". *Foro Internacional*, vol. 46, no. 3 (185), 2006, pp. 421–64. JSTOR, http://www.jstor.org/stable/27738779. Accedido 10 octubre 2023.

Miranda, Aldo. "Donovan Carrillo: 'En México te juzgan por ser patinador artístico'". *Publimetro México*, 17 de abril 2020, www.publimetro.com.mx/mx/publisport/2020/04/17/donovan-carrillo-mexico-te-juzgan-patinador-artistico.html.

Mogrovejo Aquise, Norma, *Un amor que se atrevió a decir su nombre. La lucha de las lesbianas y su relación con los movimientos homosexual y feminista en América Latina*. Plaza y Valdés, 2020. Kindle.

Monárrez Fragoso, Julia Estela. "The Victims of Ciudad Juárez Feminicide: Sexually Fetishized Commodities". *Terrorizing Women: Feminicide in the Américas*, editado por Rosa-Linda Fregoso y Cynthia Bejarano, Duke University Press, 2010, 59–69.

"Monterrey, la plantilla más cara de La Liga Mx que se le hace poco a Javier Aguirre". *La Razón*, 28 de noviembre 2021, https://www.razon.com.mx/deportes/monterrey-plantilla-cara-liga-mx-le-javier-aguirre-461412.

Mulvey, Laura. "Visual Pleasure and Narrative Cinema". Screen, vol. 16, no. 3, 1975, pp. 6–18, https://doi-org.fortlewis.idm.oclc.org/10.1093/screen/16.3.6.

Nadel, Joshua H. *Fútbol!: Why Soccer Matters in Latin America*. University Press of Florida, 2014. Kindle.

Neria Cano, Rodrigo. "'Ya Es Cancha Reglamentaria': El Repudiable comentario en vivo de un narrador de Tudn en la Liga MX Femenil". *Yahoo!*, 19 de oct. 2021, es-us.noticias.yahoo.com/ya-es-cancha-reglamentaria-el-comentario-machista-de-un-narrador-de-la-liga-mx-femenil-203214941.html

Nochebuena, Marcela. "Feminicidios en México: sumaron 234 entre enero y marzo; Edomex, Nuevo León y Veracruz encabezan en casos". *Animal Político*, 25 de abril 2022, https://www.animalpolitico.com/2022/04/feminicidios-mexico-234-primer-trimestre/#:~:text=Baja%20California%2C%20Quintana%20Roo%20y,de%20M%C3%A9xico%2C%20que%20suma%2039.

Olariu, Ozana. "Democracia digital, derechos de las mujeres en línea y feminismo". *Feminismo digital. Violencia contra las mujeres y brecha sexista en Internet*, editado por Tasia Aránguez Sánchez y Ozana Olariu, Dykinson, 2021, 17–32.

Olivera, Mercedes. "Violencia Feminicida: Violence Against Women and Mexico's Structural Crisis". *Terrorizing Women: Feminicide in the Américas*, editado por Rosa-Linda Fregoso y Cynthia Bejarano, Duke University Press, 2010, 49–58.

ONU Mujeres. "Marion Reimers en la conmemoración oficial de la ONU en el marco del 8 de marzo". *YouTube*, 8 de marzo 2023, www.youtube.com/watch?app=desktop&v=tIkOL-zdRjRI.

Osorio, Teresa, y Hortensia Moreno. "Me hubiera encantado vivir del futbol". *Debate Feminista*, vol. 36, 2007, pp. 83–109. JSTOR, http://www.jstor.org/stable/42625002. Accedido 2 de octubre 2022.

Palma Hernández, Eréndira. "Basta de aplausos, queremos oportunidades para dirigir a profesionales: Meche Rodríguez". *La Jornada*, 10 de abril 2021, www.jornada.com.mx/notas/2021/04/10/deportes/basta-de-aplausos-queremos-oportunidades-para-dirigir-a-profesionales-meche-rodriguez.

—. "FMF acepta que el Tri Femenil puede pagar castigo por grito homofóbico". *La Jornada*, 3 de julio 2021, www.jornada.com.mx/notas/2021/07/03/deportes/fmf-acepta-que-el-tri-femenil-puede-pagar-castigo-por-grito-homofobico/.

Pattisson, Pete, et al. "Revealed: 6,500 Migrant Workers Have Died in Qatar since World Cup Awarded". *The Guardian*, 23 de febrero 2021, www.theguardian.com/global-development/2021/feb/23/revealed-migrant-worker-deaths-qatar-fifa-world-cup-2022.

Pereyra, Beatriz. "Una liga donde se sienten fuera de lugar". *Proceso*, No.2314, 7 de marzo, 2021, pp. II–XI.

Pérez, Emma. *The Decolonial Imaginary: Writing Chicanas into History*. Bloomington: Indiana University Press, 1999.

"Pese a los avances legales, México lidera en crímenes de odio contra personas LGBT". *Forbes México*, 17 de mayo 2023, www.forbes.com.mx/mexico-lidera-crimenes-odio-personas-lgbt-avances-legales/.

Pickett, Velma, et al. *Vocabulario Zapoteco del Istmo: zapoteco-español y español-zapoteco*. Edición electrónica. Instituto Lingüístico de Verano, A.C, 2013. https://www.sil.org/system/files/reapdata/47/57/69/47576984555300844250765337113555205633/zai_vocabulario_ed5.2.pdf

"Pocho". Diccionario del Español de México (DEM) http://dem.colmex.mx, El Colegio de México, A.C., octubre 2023.

Ponce de León Rosales, Samuel y Antonio Lazcano Araujo. "La evolución del Sida: una suma de epidemias". *25 años de SIDA en México. Logros, desaciertos y retos*, editado por José Ángel Córdova Villalobos et al. Instituto Nacional de Salud Pública, 2008,17–25. https://www.insp.mx/resources/images/stories/Produccion/pdf/100722_cp43.pdf

"Preguntas frecuentes: Tipos de violencia contra las mujeres y las niñas". *ONU Mujeres*, www.unwomen.org/es/what-we-do/ending-violence-against-women/faqs/types-of-violence#:%7E:text=La%20violencia%20de%20g%C3%A9nero%20se,la%20existencia%20de%20normas%20da%C3%B1inas.

Procuraduría Federal del Consumidor. "La 'Ley Olimpia' y el combate a la violencia digital". *Gob. Mx*, 2021 www.gob.mx/profeco/es/articulos/la-ley-olimpia-y-el-combate-a-la-violencia-digital?idiom=es#:~:text=Es%20un%20conjunto%20de%20reformas,digitales%2C%20tambi%C3%A9n%20conocida%20como%20ciberviolencia. Accedido 6 de junio 2023.

"Puto". Diccionario del Español de México (DEM) http://dem.colmex.mx, El Colegio de México, A.C. Accedido agosto 2023.

"Qatar: Las fuerzas de seguridad detienen y maltratan a las personas LGBT". *Human Rights Watch*, 25 de octubre 2022, www.hrw.org/es/news/2022/10/25/qatar-las-fuerzas-de-seguridad-detienen-y-maltratan-las-personas-lgbt.

Radford, Jill, y Diana E. H. Russell. *Femicide: The Politics of Woman Killing*. Twayne, 1992.

"Rainbow Flag: Origin Story". *Gilbert Baker*, gilbertbaker.com/rainbow-flag-origin-story/. Accedido 18 de julio 2023.

Redondo Gutiérrez, Laura. "Violencia sexual: nuevas formas de victimización y revictimización en la era digital". *Feminismo digital. Violencia contra las mujeres y brecha sexista en Internet*, editado por Tasia Aránguez Sánchez y Ozana Olariu, Dykinson, 2021, 662–684.

Reilly, Katie. "Donald Trump: All the Times He's Insulted Mexico". *Time*, 31 de agosto 2016, time.com/4473972/donald-trump-mexico-meeting-insult/.

Rocha Islas, Martha Eva. "Revolución, sufragismo y derechos". *Un fantasma recorre el siglo: luchas feministas en México (1910–2010)*, editado por Gisela Espinosa Damián y Ana Lau Javien, Editorial Itaca, Ciudad de México, 2013, pp. 25–58.

Romo, José Luis. "Mapi León: futbolista, del Barça, de la Selección Española y lesbiana". *El Mundo* 23 de junio 2018, www.elmundo.es/loc/famosos/2018/06/23/5b2bbff5268e3eca308b4594.html.

Rosales, Francisco A. *Chicano! The History of the Mexican American Civil Rights Movement*. Arte Público Press, 1996.

Rueda Esquibel, Catriona. *With Her Machete in Her Hand: Reading Chicana Lesbians*. Austin: University of Texas Press, 2009. Kindle.

Salinas Hernández, Héctor Miguel. "Matrimonio igualitario en México: la pugna por el estado laico y la igualdad de derechos". *Cotidiano - Revista de La Realidad Mexicana*, vol. 32, no. 202, marzo 2017, pp. 95–104. EBSCOhost, research.ebsco.com/linkprocessor/plink?id=35f1899e-8a83-3918-aecc-1c196058e721.

Schuessler, Michael K. "Locas, chichifos, mayates". *México se escribe con J: una historia de la cultura gay*, editado por Michael K. Schussler y Miguel Capistrán, Debolsillo, 2018, 177–198. Kindle.

Segato, Rita Laura. "Femigenocidio y feminicidio: una propuesta de tipificación", 2011, biblat.unam.mx/hevila/HerramientaBuenosAires/2012/no49/10.pdf. Accedido 19 de julio 2023.

Selección Nacional de México. "Mario, la historia de Maribel Domínguez #HistóricaMarigol". *YouTube*, 19 de octubre, 2021, https://www.youtube.com/watch?v=Biq6wyn1WC8&t=2s

Senado de la República. "Boletín-219 México, uno de los países con mayor explotación sexual infantil en el mundo". http://comunicacion.senado.gob.mx/index.php/periodo-ordinario/boletines/8816-boletin-219-mexico-uno-de-los-paises-con-mayor-explotacion-sexual-infantil-en-el-mundo.html.

"Sepp Blatter Says Gay Fans 'Should Refrain' at 2022 World Cup in Qatar". *The Guardian*, 14 de diciembre 2010, www.theguardian.com/football/2010/dec/14/blatter-gay-fans-qatar-world-cup.

Soy Celeste. "Sergio y "La Peque" Rubio Experiencias con Ex profesionales #CruzAzul". *YouTube*, 13 octubre, 2021, https://youtu.be/gE1YLnuAREE.

Spindola, Ana Patricia. "Liga MX Femenil: ¡Otro escándalo en Necaxa! Las polémicas declaraciones del técnico de las Centellas". *Debate*, 5 de agosto 2022, www.debate.com.mx/depor
tes/Liga-MX-Femenil-Otro-escandalo-en-Necaxa-Las-polemicas-declaraciones-del-tecn
ico-de-las-Centellas-20220805-0316.html. Accedido 6 de julio 2023.

"Sportico's Intercollegiate Finance Database". *Sportico.Com*, 31 de junio. 2023, www.sport
ico.com/business/commerce/2021/college-sports-finances-database-intercollegiate-123
4646029/.

"The Chilling: A Global Study on Online Violence against Women Journalists". *International Center for Journalists*, www.icfj.org/our-work/chilling-global-study-online-violence-agai
nst-women-journalists.

"The Honeyballers: Women Who Fought to Play Football". *BBC*, 25 de septiembre 2013, www.
bbc.com/news/uk-scotland-highlands-islands-24176354.

Tortorici, Zeb. "Homosexualidad, sodomía, y el 'pecado nefando' en la Nueva España: Un cho-
que terminológico y archivístico". *Noticonquista*, 2019, http://www.noticonquista.unam.
mx/amoxtli/2951/2951

Treuer, Anton. *The Language Warrior's Manifesto: How to Keep Our Languages Alive no Matter
the Odds*. Minnesota Historical Society Press, 2020.

"Tuition & Cost". *UCLA*, www.ucla.edu/admission/tuition-and-cost. Accedido 21 de noviembre 2023.

"Un colectivo contra la homofobia defiende a Cristiano Ronaldo". *Sport*, 4 de abril 2016, www.
sport.es/es/noticias/real-madrid/colectivo-contra-homofobia-defiende-cristiano-ronaldo-
5026623#

Vázquez, Fernanda. "Mexicoamericanas en el Tricolor Femenil, atletas y exigentes desde la
infancia". *El Economista*, 16 de diciembre 2019, www.eleconomista.com.mx/deportes/
Mexicoamericanas-en-el-tricolor-femenil-atletas-y-exigentes-desde-la-infancia-20191
215-0072.html.

Vejar, Alex. "Former Utah Royals Coach Faces New Allegations after Release of Joint Investi-
gation Into Women's Soccer League". *The Salt Lake Tribune*, 15 de diciembre 2022, www.
sltrib.com/sports/rsl/2022/12/15/former-utah-royals-coach-faces/.

—. "Utah Royals Fire Coach Craig Harrington". *The Salt Lake Tribune*, 9 de noviembre 2020,
www.sltrib.com/sports/rsl/2020/11/09/utah-royals-fire-coach.

Vidal, Luis. "Esposas de jugadores del Tri reciben amenazas de muerte tras derrotas". *The18*, 18
de noviembre 2021, www.the18.com/en/node/106256.

Vilchis, Raúl. "For Teammates in Love, an Island Oasis". *The New York Times*, 6 de julio 2017,
www.nytimes.com/2017/07/06/sports/soccer/iceland-soccer-stars-in-love-find-accepta
nce.html.

Waterson, Jim. "BBC Ignores World Cup Opening Ceremony in Favour of Qatar Criticism".
The Guardian, 20 de noviembre 2022, www.theguardian.com/football/2022/nov/20/bbc-
ignores-world-cup-opening-ceremony-in-favour-of-qatar-criticism.

Yu, Kevin R. "América revela que Selene Valera también ha recibido insultos y amenazas". *Univision*, 28 de enero 2021, www.tudn.com/futbol-femenino/liga-mx-femenil/america-cond
ena-amenazas-insultos-acoso-selene-valera-jana-gutierrez

Zapata, Luis. "Highlights de mi vida como gay". *México se escribe con J: una historia de la cultura gay*, editado por Michael K. Schussler y Miguel Capistrán, Debolsillo, 2018, 5–20. Kindle.

"2023 U.S. National Survey on the Mental Health of LGBTQ Young People". *The Trevor Project*, www.thetrevorproject.org/survey-2023/. Accedido 18 de julio 2023.

@alegut1errez. 2023. "Es un proceso muy difícil y doloroso". *Instagram*, 24 de junio.

@AmericaFemenil. 2023. "¡Felicidades Andrea y Carla!". Twitter, 29 de junio, 9:05 a.m. https://twitter.com/AmericaFemenil/status/1674433915858325511?s=20

—. 2022. "Histórico apoyo a América Femenil". Twitter, 15 de noviembre, 3:09 p.m. https://twitter.com/AmericaFemenil/status/1592641062476349440?s=20

@apchavira. 2023. "Hoy se firmó la extensión". Twitter, 6 de diciembre, 8:42 a.m. https://x.com/apchavira/status/1732425197708517479?s=20

@beatrizapereyra. 2022. "Para abundar en la información del caso Craig Harrington". Twitter, 28 de enero, 10:03 a.m. https://x.com/beatrizapereyra/status/1487109134780674048

@biancasierra3. 2023. "Ha sido el mejor año de nuestras vidas". Instagram, 28 de noviembre. https://www.instagram.com/p/C0Mw6VcpPOH/.

@BRChavezChavez. 2023. "Después de la final del torneo Apertura 2023 . . .". Twitter, 30 de noviembre, 12:02 p.m. https://x.com/BRChavezChavez/status/1730286093721845849?s=20

@Denelinalpz88. 2022. "Para tener bien empinada a Tatiana Flores". Twitter, 10 de marzo, 9:29 p.m. https://twitter.com/denelinalpz88/status/1502139664760807424?s=12&t=yhN7OI4wjFlb4C8MSh2P9A

@deneva_cagigas. 2021. "Esto tiene que parar". Twitter, 17 de marzo,10:24 p.m. https://twitter.com/cagigas_deneva5/status/1372403521983774721?s=20&t=2oexX_kQz730_kEHThPa0A

@DesMonsivais. 2022. "Con todo el respeto a la familia Debanhi . . . que miedo vivir en un país tan inseguro para nosotras". Twitter, 22 de abril, 12:06 p.m. https://twitter.com/DesMonsivais/status/1517565645658935296?s=20&t=p-IXXMTtZqEDAK8j8R9hvQ.

@EPLworld. 2022. "Hashtag #احترامك_اظهر is Now Circulating in Qatar". Twitter, 4 de octubre, 3:09 a.m. https://twitter.com/EPLworld/status/1577224477082910722

@FOXGolFemenil. 2023. "El club necesita tratarnos como futbolistas profesionales". Twitter, 4 de abril, 8:03 p.m. https://twitter.com/foxgolfemenil/status/1643434029033701379?s=12&t=zHfm7kGHf4Mvdrp5D6yYdQ

@Geo_Gonzalez. 2021. "Así como se nos pide licencia de locución". Twitter, 21 de octubre, 2:58 p.m. https://twitter.com/geo_gonzalez/status/1451291939203018759?s=12&t=yhN7OI4wjFlb4C8MSh2P9A

@GretaEspinozaC. 2023. "Comunicado importante". Twitter, 17 de febrero, 9:02 p.m. https://twitter.com/gretaespinozac/status/1626794287374684161?s=12&t=zHfm7kGHf4Mvdrp5D6yYdQ

@IkerCasillas. 2022. "Cuenta hackeada". Twitter, 9 de octubre, 8:36 a.m. https://twitter.com/IkerCasillas/status/1579118532553760769?s=20

@JCZamora07. 2023. "Además de uniformes sin parches". Twitter, 13 de marzo, 7:17 pm. https://twitter.com/jczamora07/status/1635450146279309314?s=12&t=Pd-35fbm3_pULTjwLLURBg

@jenmunozz. 2020. "Yo no soy una águila 'sensual'". Twitter, 11de septiembre, 1:36 p.m. https://twitter.com/jenmunozz/status/1304503984321974274?s=20&t=AfWEbnxdOfJBSdQullB3Kw

@JoshuaCavallo. 2022. "@IkerCasillas and @Carles5puyol Joking and Making Fun Out of Coming Out in Football is Disappointing". 9 de octubre, 8:06 a.m. https://twitter.com/JoshuaCavallo/status/1579111094106218498?s=20

@KatheRodHutson. 2016. "Aquí dónde yo vivo ya mi gente". Twitter, 3 de junio, 2:47 p.m. https://twitter.com/Bfromthe_BAYY/status/737991778486353921?s=20

@LaReimers. 2023. "Estoy profundamente orgullosa". Twitter, 25 de agosto, 1:25 p.m. https://x.com/LaReimers/status/1695140473357095261?s=20

—. @LaReimers. 2023. "Las mujeres periodistas de todo el mundo somos insultadas". Twitter, 16 de febrero, 5:45 p.m. https://twitter.com/LaReimers/status/1626382172537106432

@letroblesrosa. 2023. "¡Extra Senadores del oficialismo!" Twitter, 15 de noviembre, 10:18 a.m. https://x.com/letroblesrosa/status/1724839280416104708?s=20

@MaribelD9. 2022. "Comunicado". Twitter, 24 de julio, 6:33 p.m. https://twitter.com/MaribelD9/status/1551364895295377408

@MasciarelliR. 2022 "Solamente seré breve[.]Te veo y te aviento el coche hacia tu camioneta o espero afuera". Twitter, 2 de agosto, 5:48 p.m. https://twitter.com/MasciarelliR/status/1554615030745817089?s=20&t=IZxPIRt4ASKvoJ3y8JydAg.

@MikelArriolaP. 2022. "¡La @LigaBBVAFemenil sigue rompiendo sus propios récords!" Twitter, 10 de noviembre, 2:55 p.m. https://twitter.com/MikelArriolaP/status/1590825506399612928?s=20

@scarcamberos. 2022. "Este es su Instagram, ya no soporto más". Twitter, 25 de julio, 4:22 p.m. https://twitter.com/scarcamberos/status/1551694363910086657?s=20&t=XkTD8UxPt44s2xDZ9UmqbQ.

@SeleneValera. 2022. "Es el mismo que tiempo atrás molestó a Jana y a mí". Twitter, 25 de julio, 6:08 p.m. https://twitter.com/SeleneValera/status/1551721104011558914?s=20&t=XkTD8UxPt44s2xDZ9UmqbQ.

@Sincy12. 2023. "To be clear. We are being forced back to work for the short term". Twitter, 11 de febrero, 7:56 p.m. https://twitter.com/sincy12/status/1624603422669303808?lang=en

@ZanderMurray. 2023. "Fully expect some homophobic abuse or hate for bringing out a documentary trying to help people and our game". Twitter, 13 de marzo, 5:18 a.m. https://twitter.com/ZanderMurray/status/1635238980588572673?s=20

ÍNDICE POR TEMAS

www.ingramcontent.com/pod-product-compliance
Lightning Source LLC
Chambersburg PA
CBHW050610280326
41932CB00016B/2980